창의력과
공의식
선진국의 요건

창의력과
공의식

선진국의 요건

정범모 저

학지사

머리말

나이가 들어서 정년으로 교수직을 그만둔 지가 벌써 옛날이니 현장연구나 실험연구는 할 수 없는 처지고 자연 사회활동이나 야외운동도 뜸해지다보니, 집 안에서 책상을 끼고 앉아 읽고, 생각하고, 쓰는 것이 주된 일과가 되었다. 읽기는 인문학·사회과학·자연과학 할 것 없이 읽을 만한 책을 닥치는 대로 읽어 가고, 생각하기는 머릿속에서 온갖 상념이 이리저리 분방하게 떠오르고 교차한다. 그중 몇 가지 생각은 글로 써서 종이 위에 옮긴다. 몸은 좀 불편해도 머리는 예나 지금이나 그럴 수 있는 내 자신이 고맙다.

생각하는 상념들이라야 내 주된 학문적 관심이 교육이고, 나는 교육을 '사람을 사람답게 기르고 나라를 나라답게 만드는 일'이라고 정의하고 있기 때문에 자연 많은 상념이 우리나라 오늘·내일의 인간과 국가의 향방에 관한 것일 수밖에 없다. 이 책『창의력과 공의식』

은 그런 상념의 일부를 글로 옮긴 것이다. '창의력'과 '공의식'이 한국이 염원하는 선진국 진입의 요건이라고 믿기 때문이다. 한낮이 기울면 황혼의 석양을 바라보며 내일의 날씨를 점치기도 하고 희망도 하게 된다. 기왕이면 내일이 맑고 상쾌한 날씨이기를 바란다. 이 글은 그런 심정에서 쓴다.

이 책의 글들은 어떤 논리적 체계와 순서를 세우려고 하지는 않았다. 그저 주제에 관해서 이리저리 자유분방하게 떠오르는 상념을 가볍게 그대로 글로 옮긴 중수필이다. 따라서 이 책에 실린 생각 중에는 지난날 내 저서들에 실린 생각이 되풀이된 것도 많을 것임을 밝혀 둔다.

나는 이 작은 책을 펴내면서 새삼 한림대학교의 설립자이신 고 尹德善 선생과 현 이사장이신 尹大原 선생께 크게 감사를 드려야 한다. 내가 지금껏 긴 세월 석좌교수로서 독서와 사색 그리고 저작 생활을 해 올 수 있었던 것은 두 분의 은덕으로 가능했기 때문이다. 뿐만 아니라 두 분이 나에게 부단히 귀중한 지적 자극을 주신 것이 내 여러 저작의 동기였기도 했다. 이 책도 그렇게 유도된 저작이다.

2016. 1. 15.

鄭 範 謨 적음

차 례

시작하면서

　지난 반세기 한국은 자타가 공인하는 두 가지 기적을 이루어 냈다. 하나는 개인당 GDP가 80불도 안 되던 가난을 극복하고 이제 당당히 2만 불을 넘어 3만 불을 넘보는 비약적인 경제발전이고, 또 하나는 긴 세월의 독재체제를 청산하고 민주주의적인 평화적 정권 교체의 관례를 이룩한 정치발전이다. 이 두 기적은 아직 빈곤과 압제에 시달리고 있는 많은 나라에 비추어서도 충분히 우리가 자축해야 마땅하고, 세계가 경탄하는 것도 당연하다.

　기왕이면 내친김에 한국이 경제적·정치적으로 더 발전할 뿐만 아니라 문화·문명적으로도 '선진국'으로서 세계가 선망하게 되는 나라로 발전해 가는 것이 나의 꿈이다. 그리고 그런 문화·문명적 발전 없이는 경제와 정치의 꾸준한 성장이 불가능하다는 것이 내 소신이다.

하지만 한국이 이룩한 두 기적의 빛이 근래 점점 바래 간다는 느낌을 금할 수 없다. 경제는 좀처럼 저성장의 늪에서 헤어나지 못하고, 청년 실업률은 깊어지고, 국가 세수는 줄고 국가 부채도 가계 부채도 늘어 가고, 빈부격차는 점점 더 커져 간다. 국회는 국사는 제쳐 놓고 당리추구의 정쟁에 여념이 없고, 정계·관계·경제계 할 것 없이 부정부패 사건들은 연일 뉴스에 요란하며, 서울의 세종로와 시청 광장은 걸핏하면 시위로, 때로는 격렬한 폭력시위로 소란하다. 왠지 경제는 활력을 잃고 민주주의는 빗나가고 있음을 느끼지 않을 수 없다. 예전에 한 외신기자가 한국의 현황을 분석하여 '기적을 이룬 나라, 행복을 잃은 나라'라는 표제로 번역된 책을 펴냈는데, 그것에 운을 맞춘 듯이 한 신문 논자가 일전에 '기적을 이룬 나라, 기적을 잊은 나라'라는 제목으로 시국을 우려하는 논단을 실었다. 이대로 가면 나라의 현황도 험난해 보이지만, 어렵사리 이루어 낸 두 기적을 발판으로 선진국으로 진입하려는 한국의 꿈 또한 실현이 더더구나 요원해 보인다.

모든 사회현상은 많은 원인이 작용해서 표출되는 다원인적인 현상이다. 앞에 열거한 여러 사회문제도 다원인적인 현상이다. 하지만 그 모든 문제의 근저에는 어떤 장애적인 정신적 원인이 흐르고 있다는 것이 나의 성찰의 결과다. 그것을 나는 '창의력創意力'의 빈곤과 '공의식公意識'의 빈약이라고 진단한다. 여기에 '공의식'이라고 이름 지은 용어는 일단 공공의식을 줄인 용어라고 해 둔다. 그리고 창의력의 함양과 공의식의 선양이 궁극적으로 침체한 현 사태를 해결할 관건이고, 동시에 선진국으로 진입하는 필수요건이라고 믿는다. 이 책의 논의는 그 창의력과 공의식의 의의를 밝히고 함양·선양의 방향을 탐색하려는 것이 목적이다.

우선 그것을 선진국이라고 부르건 '나라다운 나라'라고 부르건, 그런 나라는 국력國力과 국격國格을 겸비해야 한다는 것을 전제로 하자. 그것은 마치 '사람다운 사람'은 생활력과 인격을 겸비해야 하는 것과 같다. 그리고 국력의 원천은 국민이 사리事理를 이해하고 활용하는 지력知力이고 그 지력의 첨단이 창의력이라는 것, 또 국격의 연원은 국민이 자기만이 아니라 남들도 배려하고 사리·사욕만 아니라 공리·공익도 자신의 일처럼 생각하는 공의식이라는 것은 깊은 논의 없이도 거의 자명한 사실로 전제한다.

나는 경제발전 단계와 지력의 관계에 공식 하나가 있다고 본다. 즉, 후진국의 경제개발은 우선 간단한 '지식·기술'의 이해와 응용력으로도 족하고, 중진국으로 진입하고 발전하는 일에는 복잡한 문제를 해결하는 '사고력'이 있어야 하며, 선진국으로의 진입과 발전에는 '창의력'이 필수라는 공식이다.

우선 창의력을 간단하게 '새로운 보람 있는 것을 만들어 내는 힘'이라고 정의해 두자. 달리 말해 '별난 생각'을 해내는 지력이다. **창의력은 새로운 발명·발견·발안을 이루어 내면서 지적 세계를 영도하는 가장 첨단적인 지력이다.** 한 나라에 그런 창의력이 빈약하면 아무리 부국이라도 아직 선진국은 아니다. 예컨대, 근래 중국이 빠르게 경제성장을 이루어 내면서 GDP가 이미 일본을 능가하고 미국에 육박하는 강대국으로 등장하고 있지만 아직 선진국은 아니다. 그간의 발전은 중국 자체의 창의력에 의한 기술산업이 아니라 대부분

외국이 창조한 기술산업의 모방에 의한 발전이기 때문이다.

공의식은 우선 '남을 이해하고 배려하는 심성'이라고 정의할 수 있다. 간단하게 말해 '남 생각'을 할 줄 아는 심성이다. 이러한 공의식을 여기에서는 수많은 여러 개념, 예컨대 감정이입 · 공동체의식 · 공익심 · 사회적 책임감 · 애국심 · 더불어 사는 마음 등을 포함하는 넓은 용어로 사용한다. 그것은 근본적으로 사리사욕만 아니라 남과 나라의 공리 · 공익도 배려하는 도덕적인 심성이다. 공의식만 투철하다면 국사 · 국익은 제쳐놓고 당리 · 당략 추구로 시종하는 국회의 갈등, 그 많은 각종 부정부패 · 범죄사건, 빈번한 불법 폭력 시위가 줄어들 것은 당연한 이치다. 공의식이 일반화되어 있는 사회는 속임과 감춤이 드문 '사회적 투명성'과 사람들이 서로 믿고 사는 '사회적 신뢰도'가 높다. 그만큼 사람들이 마음 편하고 '행복하게' 지낼 수 있을 것도 당연하다. 다시 중국을 예로 들자. 고위관료들의 빈번한 부정축재 사건 보도는 그들 사이의 공의식이 아직 빈약하다는 것과 다른 나라들이 두려워하는 강대국일 수는 있어도 아직은 남들이 부러워하는 선진국 반열에는 들지 못한다는 것을 방증한다. 도리어 국부로는 강대국이 아니라도 사회적 투명성 있는 개명된 나라를 선진국이라고 해야 한다.

근래 '창조경제'라는 요란한 구호 탓도 있겠지만, 혹시 앞 논의에서 마치 창의력은 경제발전에만 관계되고 공의식은 정치 · 사회발전에만 관련되는 것 같은 인상을 주었다면 그것은 본의가 아니다. 창의력은 경제발전을 위한 새로운 기술 · 방법의 창안뿐만 아니라 국가활동 전반에 걸쳐 요망되는 지력이다. 경제만 아니라 정치 · 외교 · 국방에도 학문 · 예술 · 연예 · 스포츠에도 널리 요망되는 능력이다. 기실 창의력이 사회활동 전반에 흐르는 한 특징일 때 '창조경제'도 저력을 얻는다.

공의식 또한 원활한 정치적 · 사회적 활동에만 필요한 것이 아니라 경제발전에도 필수적인 요건이다. 경제활동 자체가 서로 속이지 않는 공의식이 기반인 '신용'을 전제로 하는 활동이기 때문이고, 경제발전의 과실도 국민 전체가 '더불어 살 수 있게' 적정하게 분배되어야 활력을 유지할 수 있기 때문이다.

지금까지 창의력과 공의식이 마치 현대사회나 미래사회에 특징적으로 요구되는 특성인 듯이 서술했으나, 이 두 특성은 실은 태고에 원숭이가 인간으로 진화해 나온 원시시대부터 인간적 존재를 규정하는 특성이었고, 그 때문에 인간이 만물의 영장이 되었다는 사실도 다시 음미할 만하다.

연약한 원숭이의 후예인 인간은 야생에서 근력으로는 사자 · 호랑이 · 표범 같은 맹수를 당해낼 수 없었고 걸핏하면 잡혀먹히기 일쑤였다. 그래서 인간은 생존을 위해서 진화의 과정에서 두 가지 전략을 발달시켜 왔다. 하나는 근력은 약하지만 지력知力을 발달시켜 점점 더 영리해지면서 꾀로써 맹수를 이겨 내는 전략이다. 인간은 돌도끼 · 돌칼 · 창 · 화살을 만들어 냄으로써, 즉 창조해 냄으로써 맹수들을 제압했다. 그래서 인간의 두뇌는 모든 동물 중 몸집에 비해서 유난히 크다. 특히 지력을 관장하는, 뇌를 둘러싸고 있는 '대뇌피질'이 크게 발달되어 있다.

또 하나의 생존전략은, 혼자서는 맹수를 대적하지 못하지만, 무리를 지어 서로 협력해서 폭식자의 접근을 경고하고 같이 공격방법을 짜서 같이 사방에서 적시에 공격하며 대적하는 것이다. 그러려면 서로의 감정과 의사를 알아내고 서로 살피고 도와줘야 한다. 즉, 남을 생각하고 이해하고 배려하는 공의식을 형성함으로써 대적할 수 있다. 인간의 두뇌에는 그렇게 남의 감정과 의사를 감지하는 '변연계'라는 구조가 대뇌피질 아래 중뇌 속에 형성되어 있다. 그리고 대뇌피질과 변연계가 같이 작용하면서, 순전히 동물적이고 사적私的인 생리적 욕구를 관장하는, 대뇌 하부에 있는 '소뇌'와 '뇌간'의 기능을 적절히 통제한다.

신경학자들은 인간의 이런 두뇌구조가 동물의 긴 진화과정을 반영한다고 말한다. 즉, 처음 발달한 것은 자기 욕심만 사나운 소뇌와 뇌간 같은 '파충류 뇌'고, 다음은 새끼를 기르려면 새끼의 감정과 사정을 감지해야 하기 때문에 발달한 중뇌인 '포유류 뇌' 그리고 지력이 있어야 살아남는 원숭이나 인간의 대뇌는 '영장류 뇌'라고 부른다. 이렇듯 이 책의 논의의 관심인 창의적 지력과 남을 배려하는 공의식은 현대적인 요청일 뿐만 아니라 인간적 존재의 시원부터 필수적인 특성이었다.

인류가 만물의 영장이 된 것은 그들의 창의력과 공의식이 창조해 낸 문화·문명 때문이다. 수많은 도구·기술·지식·이론과 법률·정부·은행·학교 등 갖가지 정치·경제·사회제도 그리고 다양한 통념·사상·가치관·종교 등이 창조력과 공의식의 소산인 문화·문명을 형성한다. 인간은 긴 역사에서 축적된 그 문화·문명을 자신의 것으로 내면화하면서 동물만이 아닌 인간적 존재가 된다. 그것이 인간의 자아실현 과정이다. 또 한편 국가 등 사회집단은 그 문화·문명으로 국가를 경영하고 그것을 더욱 고도로 개발해 간다. 그것이 국가발전의 과정이다.

제1부 창의력 함양

　인간에게는 지력知力이 있다. 삶의 여러 문제에 처해서 사리를 판별하고 현명하게 문제를 해결해 가는 지력이 있다. 그래서 인간은 만물의 영장이다. 그런 지력 중에서도 창의력은 각별히 희한한 첨단적인 지력이다. 그래서 우리는 창의력이 풍성하게 함양되고 발현되기를 바란다.

　하지만 창의력이란 그리 호락호락 쉽게 길러지고 꽃피는 지력이 아니라는 것이 문제다. 그 함양과 발현에는 우리 사회의 여러 특징에 관한 깊고 넓은 성찰이 필요하다. 창의와 비슷한 뜻의 개념이 많다. 창조 · 창작 · 창안 · 혁신 등이다. 이 책에서는 이런 개념을 모두 '창의'로 대신한다.

1. 창의력이 IQ는 아니다

우선 창의력이 지능, IQ와는 다르다는 것부터 밝혀야 한다. 흔히 '머리가 좋다'는 정도를 뜻하는 IQ는 이미 세상에 알려져 있는 답을 찾아내는 능력이고, 창의력은 세상 그 누구도 모르는 답을 찾아가는 능력이다. 좀 더 부연하면 기지旣知의 문제를 기지의 방법으로 기지의 답 그러나 감추어져 있는 답을 찾아내는 능력이 지능이고, 미지未知의 문제를 미지의 방법으로 미지의 답을 찾아내는 능력이 창의력이다.

학교에서 학생들이 머리를 싸매고 공부하고 시험보는 문제들은 거의 다 IQ로서 기지의 문제를 기지의 방법으로 찾아내는 문제들이다. 학교교육의 대부분은 그런 기지의 문제들을 잘 알고 그 답을 잘 찾아내는 능력을 기르기 위해서 진행되고 있다. 그런 공부를 잘하는 학생이 우등생이고 수석합격자다. 따라서 현재 학교 공부의 전부는 창의력 함양과는 거의 관계가 없고, 우등생·수석합격자도 '창의자'

는 아니다. 우등생·수석합격자는 현존 사회의 현 질서 속에서 출세하고 영화를 누릴 수는 있어도, 현 사회의 정치·경제·문화에서 새로운 창조적 기여를 하는 인물이 되지는 못한다. 이 점에서 유난히 우등생·수석합격자 등 '머리 좋은' 사람들을 숭상하는 한국 사회의 풍토는 깊이 반성할 만하다. 에디슨도 아인슈타인도 초등학교 시절 열등생이었다.

여러 연구에 의하면 창의자, 즉 창의적인 인물에겐 평균 수준 이상의 IQ는 필요하지만, 그 이상부터는 IQ와 창의력은 별 상관이 없다. IQ가 150, 180, 200이라고 그만큼 창의력이 높아지는 것이 아니라는 뜻이다. 도리어 IQ가 200, 210 등으로 너무 높으면 창의력은 위축된다는 보고도 있다. IQ는 알려져 있는 답을 초점으로 사고를 조여 들어가는 이른바 수렴적收斂的 사고 능력이고, 창의력은 없는 답을 찾아 사방으로 분방하게 생각을 휘날려야 하는 발산적發散的 사고 능력이다. 따라서 초점에 너무 얽매이면 사고의 자유분방한 비상에 도리어 방해가 되는 셈이다.

창의력이 지능과는 다르다는 말이 곧 둘 사이에 전혀 상관이 없다는 뜻은 아니다. 수렴적 사고에 의한 기본적인 학습의 축적이 없는 백지상태에서 푸른 하늘을 쳐다보고 공상만 한다고 창의적 아이디어가 느닷없이 떠오르는 것은 아니다. 도리어 보람 있는 아이디어의 창출에는 사전에 수렴적 학습의 온축이 있어야 한다.

다만, 문제는, 창의력이 그렇게 학습된 바를 스스로 '초월'할 수 있어야 한다는 점이다. 창의의 출현이 어려운 이유는 그렇게 기지의 학습으로부터 잠시나마 스스로를 해방시키기가 매우 어렵기 때문이다. 인간은 습관의 동물이다. 모든 학습경험은 그 자체가 한 습관 형성의 과정이다. 구구단 외우기도 그렇고 기술 배우기도 그렇고 예의 배우기도 그렇고 믿음 배우기도 그렇다. 반복되는 경험으로 습관화된 학습은 거기에서 스스로 벗어나는 것을 매우 어렵게 한다.

창의력 논의에서 자주 인용되는 한 예문을 생각해 보자. '다음 ①과 같이 사각형 모양으로 배열된 아홉 개의 점이 있다. 이 점들을 다 통과하는 네 직선을 그어라. 다만, 직선들이 서로 떼어져 있지 않고 연결되어 있어야 한다'는 문제다.

이 문제를 처음 보는 사람에겐 답이 쉬 나오지 않는다. 거의 모든 사람이 처음 시도하는 방법은 ②와 같이 '사각형 규격' 속에서 직선을 그어보는 것들이다.

그러나 이런 방법으로는 다 한두 점이 남는다. 이 문제는 다음 ③과 같이 '사각형 규격'을 벗어나야 답이 나온다.

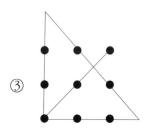

③

하지만 이렇게 사각형 규격을 벗어나기가 그리 쉽지 않다. 문제 자체가 사각형으로 제시되어 있기도 하지만, 사람들이 일상생활에서 수많은 사각형에 습관화되어 있기 때문이다. 내 방에서도 천장도 사각, 사방 벽면도 사각이고, 문도 창도 사각, 책상도 책도 책꽂이도 사각, 벽에 걸린 그림 액자도 글씨 현판도 사각형이다. 그렇게 사각형 습관에 길들여져 있으면 사각형 규격 밖으로 직선을 뻗어나가면 무슨 낭떠러지에 떨어질 것 같은 무의식적인 불안이 작용하는 셈이다. 그래서 문제에는 없는 '사각형 규격으로 직선을 그어라'는 제약 조건으로 자신의 사고를 공연히 스스로 제약하고 있는 것이다. 길들여진 습관을 스스로 벗어나기는 그렇게 어렵다. 그래서 창의력의 발현도 쉽지 않다.

또 하나의 문제를 예로 들자. '성냥개비 여섯 개로 삼각형 넷을 만들어라'라는 문제다. 책상 위에 성냥개비 여섯을 놓고 아무리 돌려 맞춰도 ④처럼 삼각형 두 개만 만들 수 있을 뿐이고 한 개비가 남는다.

④

　해답은, 평면으로는 안 되고 ⑤처럼 세 개비로 삼각형을 만들고 그 세 정점에 세 개비를 입체적으로 세워서 한 점에 모이면 그 삼각추에 삼각형 네 개가 생긴다. 이 문제도 문제에는 없는 '평면에서'라는 제한에 스스로 매여 있는 한 풀리지 않는다.

⑤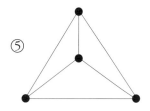

　여러 가지 문제에 관한 학습은 동시에 강점과 약점을 지니는 양면성이 있다. 한 문제에 관한 학습은 장차 유사한 문제를 쉽게 해결하는 강점이 있다. 그 때문에 학생들은 긴 세월 학교에서 공부한다. 그러나 전혀 새로운 문제를 새로운 방법으로 새로운 답을 찾아내야 할 경우에는 그 학습이 도리어 방해가 될 수도 있다는 약점도 지닌다. 학습은 '다른 길로 가지 말고 이 길로 가라'는 정신적인 '굳힘'이고 '얼림'이다. 그러나 정말 바람직한 학습은 그러면서도 동시에 '풀림'과 '녹임'의 유연성을 내포하고 있는 학습이다. "좋은 이론은 자신을 파괴할 수 있는 씨를 가지고 있다"는 말이 있다. 그래야 자신을 초월해서 계속 발전할 수 있다는 말이다. 좋은 학습도 그렇게 자신을 초월할 수도 있는 학습이라야 한다. 그래야 창의력이 솟아날 틈이 생긴다. 다만 문제는, 후에 길게 논의하겠지만, 그런 유연한 학습을 가능하게 하는 교육체제와 사회문화가 현존하기가 쉽지 않다는 데 있다. 그래서 많은 나라에서 관례적인 '수렴적 사고'는 성해도 창의적인 '발산적 사고'는 드물다.

2. 새로운, 보람 있는, 만듦

우선 창의력을 '새로운' '보람 있는' 것을 '만들어 내는' 능력이라고 정의해 두자. 이 정의를 구성하는 세 가지 개념 중 '만듦'의 뜻부터 먼저 살펴보자. 여기에서 '만듦'은 넓은 뜻으로 이해해야 한다. 인간은 온갖 도구 · 기술도 만들어 내고, 제도 · 조직 · 정책도 만들어 내고, 이론 · 사상 · 도덕도 만들어 내며, 음악 · 미술 · 문학도 만들어 낸다. 그리고 무엇보다도 이 모든 것의 원천인 희한한 공상 · 상상 · 착상도 만들어 낸다. 앞에서 말했듯이 근래 '창조경제'라는 구호 때문에 마치 경제에만 창의력이 요망되는 것이라는 인상을 주고 있지만, 창의력은 경제만 아니라 정치 · 국방 · 외교에서 학문 · 예능 · 스포츠에 이르기까지 모든 사회활동에 요망되는 능력이다.

인간은 사리를 '알아내는 인간homo sapience**'인 동시에 도구를 '만들어 내는 인간**homo fabre**'으로 특징지어진다.** 둘은 상조관계에 있다.

지력이 있기에 만들 수 있고, 만들어야 하기에 지력이 발달해 갔다. 영어로 creator는 창조자란 뜻이다. 조물주가 창조create한 것이 인간을 포함한 모든 피조물creature이다. 그중에 유독 인간만이 피조물이면서도 '나도 창조하겠다'고 선언하고 나선 셈이다. 그것은 피조물이 조물주, 즉 하느님이 하는 일의 영역을 넘보는 일과 같다. 기독교에서는, 바이블 '창세기' 편에 등장하는 아담과 이브가 하느님이 금한 사과를 따먹고 에덴동산에서 쫓겨난 것이 인간의 '원죄'라 했고, 그 때문에 폭풍우의 고난도 겪는다고 한다. 그러나 그것은 동시에 '나도 내 길을 만들어 가겠다'는 인간선언이기도 하다. 그때부터 인간은 복이 되건 화가 되건 만듦의 길로 운명 지어졌고, 그 때문에 만물의 영장이 될 수도 있었다. 기실 인간은 하느님이 꽁꽁 감추어 놓은 물질의 원자 구조를 알아내고 하느님의 힘처럼 가공할 원자탄도 만들어 냈다. 그런 예는 수없이 많다.

둘째, 창의 · 창조는 '새로운 것'을 만들어 냄이다. 새로운 것이란 지금까지 없던 아무도 알지 못하고 만들지 못한 것이다. 이미 알려져 있는 지식 · 기술을 반복하고 모방하는 것은 창의가 아니다. 우리는 삶에서 많은 문제를 해결해 나가야 한다. 모든 문제는 어느 정도로는 새롭기 때문에 '문제'다. 하지만 그 '새로움'에 차이가 있다. 이미 알고 있는 것과 비슷한 쉬운 문제도 있고, 생판 다른 어렵고 새로운 문제도 있다. 모든 문제 사태에서 우리는 문제와 그것을 푸는 방법과 그 해답을 찾는다. 이때 이미 세상에 알려진 문제를 알려진 방법으로 감춰진 답을 찾아내는 데에는 창의력이 필요 없다. 그런 문제는 좀 복잡해서 어렵더라도 차근차근 알려진 절차를 따라가면 풀리는 문제다. 학교에서 학생들이 배우고 난 다음 시험에 나오는 문제들은 다 그런 문제이고, 우리가 일상생활에서 해결해야 할 문제들도 대부분 그런 문제다.

그러나 때로는, 필요해서건 호기심 때문이건, 아무도 모르는 새로운 문제를 새로운 방법으로 새로운 답을 찾아내야(만들어 내야) 하는 경우가 생긴다. 이런 경우에 새로운 아이디어의 창출이 필요해진다. 하지만 '태양 아래에 새로운 것이란 없다.'는 어떤 격언대로, 위대한 새로운 발명·발견도 전혀 새로운 것은 아니고, 오랜 세월에 축적된 경험·지식·기술 등 여러 아이디어의 기초 위에서 약간의 독창적인 아이디어를 가미해서 이루어진 것이 대부분이다. 그 아이디어들을 독창적으로 결합해 보거나 독창적인 대안을 모색해 보거나 한 결과의 창의들이다.

뉴턴의 획기적 역학도 그 이전의 갈릴레오나 케플러의 이론이 기초가 되었고, 뉴턴 자신도 자기의 업적은 선배들의 어깨 위에 설 수 있었기 때문에 가능했다고 술회했다. 다윈의 진화론도 그 이전의 멘델의 유전 연구, 비글호의 항해에서 얻은 통찰, 라마르크, 라이엘 등의 자연토대이론, 맬서스의 인구론 등이 토대가 되었다. 애당초 인류 최초의 창조인 돌도끼도 어쩌다 돌에 맞았더니 상처가 나고 돌을 던졌더니 개가 맞아 죽고 하는 여러 경험의 축적이 창조해 낸 도구였을 것이다.

이런 관찰은 옛 것을 잘 익혀야 새로운 것을 알 수 있다는 온고지신溫故知新이라는 문구를 떠올리게 한다. 이 문구는 창의력의 발현에도 그 바탕에는 넓은 경험과 지식의 온축이 있어야 한다는 것을 시사한다.

셋째, 창의에 의한 새로운 작품 중에는, 그것이 상품이건 기술·이론이건 또는 그림·음악·소설이건, 그 '뜻'이 의미심장하고 영향이 큰 것도 있고, 새롭기는 하지만 그 뜻이 별 것 아닌 것도 있다. 대여섯 살 아이가 그린 그림도 나름으로 새로운 창작이다. 그러나 그것이 신통할지는 몰라도 별 깊은 뜻은 없다. 이에 비하면 반 고흐나 피카소의 그림은 여러 심각한 뜻을 담고 있다. 뉴턴의 역학, 다윈의 진화론, 아인슈타인의 상대성이론은 경천동지할 만큼 그 뜻이 깊고 심대했다. 이에 비하면 오늘도 여러 대학에서 양산되고 있는 박사학위 논문들은 별 볼일 없는 것이 대부분이다. 18세기 초반 중기기관의 발명은 세계에 거대한 '산업혁명'의 파도를 몰아왔고, 20세기 후반에 발달한 디지털 컴퓨터와 인터넷은 '제2의 산업혁명'이라고 불릴 만큼 사회변혁을 일으키고 있다. 이에 비하면 고무지우개가 달린 연필이나 접는 우산도 약간 창의적인 발명이기는 하지만 그 뜻이 크게 심각하지는 않다.

뜻이나 보람은 가치의 문제다. 모든 가치는 진·선·미眞善美로 종합할 수 있다. '창조경제'라는 구호가 암시하듯이 흔히 사람들은 창의·창조한 산물의 '이利'라고도 부를 수 있는 이용가치 내지 실용가치, 즉 쓸모를 찾는다. '이'는 사람들에게 편리·이익을 안겨 주는 것이라는 점에서 '선'에 포함할 수도 있다. 하지만 창의의 산물은 먼저 '진' 또는 '선' 또는 '미'라야 실용가치가 생긴다. 거짓인 것은 쓸모

가 없고, 악한 것은 가증스럽고, 추한 것은 역겹다. '이'에는
'진·선·미'가 선행해야 한다.

고대 희랍철학에서는 진·선·미라는 가치 개념을 구분해서 생
각하지 않았다. '우리의 마음에 즐거움과 놀라움을 주는' 모든 보람
을 통틀어 '칼론kalon'이라고 불렀고, 그것이 오늘날 진·선·미로 구
분하는 모든 가치를 포섭하는 개념이었다. 창의적인 발견·발
명·발안·창작은 크게건 작게건 우리에게 희한한 '즐거움과 놀라
움', 즉 '칼론'을 환기하며, 그러기에 쓸모도 생긴다.

3. 창의력에 관한 여러 견해

세계의 문화사를 빛낸 거장들, 예컨대 다빈치, 뉴턴, 칸트, 셰익스피어, 베토벤, 아인슈타인 등이 어떻게 그렇게 희한한 창의적인 대작을 이루어 냈는지 궁금하지 않을 수 없다. 따라서 창의력 출현에 관한 많은 추측 · 견해 · 이론들의 설왕설래가 많다.

예부터 가장 흔한 견해는 천부론天賦論이다. 창의적 거장들의 재능은 하늘이 특별히 내린 타고난 능력이라는 생각이다. 희한한 창의력의 출현을 달리 설명할 수 있는 길이 없기 때문에 가지게 된 견해다. 천재天才라는 말에는 그런 뜻이 담겨 있다. 모차르트는 그런 천재의 예로 자주 거론된다. 그는 다섯 살 때부터 작곡을 시작했는데, 즉흥적으로 작곡한 악보가 다 명곡으로 흘러나왔다고 한다. 그것은 모차르트가 애써 생각하지도 않아도 마치 음악의 신 뮤즈가 모차르트의 손을 통해서 명곡을 흘러 내보내는 듯했다. 모차르트가 취직을 부탁하느라고 궁중악사인 살리에리에게 그런 즉흥곡의 악보 하나를 보냈는데, 그 곡이 하도 완벽한 명곡이라서 살리에리는 "뮤즈 신이 나를 택하지 않고 왜 모차르트를 택했느냐"라고 탄식하면서 그를 질시하게 되었다고 한다.

천부론은, 창의·창조자를 포함한 여러 위인에겐 '신통력'이라는 말이 시사하듯이, 어떤 신적인 영력인 힘이 작용한다는 신비론으로도 이어진다. 모세는 여호와의 계시로 십계명을 천명했고, 예수는 하느님의 아들이었고, 단군도 하느님의 아들이었으며, 옛 중국의 왕은 다 천자天子였다. 하지만 창의력의 원인을 천부적인 신통력으로만 밀어붙인다면 과학적 연구는 불필요해진다. 모차르트의 재능엔 그가 태어날 때부터 그의 아버지가 음악교사였다는 사실도 작용했으리라는 생각도 해야 그런 연구가 가능해진다.

창의력 문제가 오랜 세월 천부론·신비론 속에 잠겨 있다가 본격적으로 현대심리학의 연구 대상이 된 데에는 1950년 길포드J. P. Guilford의 미국심리학회 회장 취임연설 덕이 컸다. 그는 창의력이 좀 더 현대심리학의 깊은 연구 관심사가 되어야 한다고 강조했다. 그는 그 나름으로 '지능'에 관한 이론을 구상하면서, 앞에서도 언급했듯이, 지능은 '수렴적 사고'라고 했고, 창의력은 한 차원 높은 '발산적 사고'라고 불렀다.

그는 발산적 사고에 능한 창의적인 사람에겐 ① 다른 사람들이 못 느끼는 문제에 대한 '민감성sensitivity', ② 문제해결에 관련되는 여러 가지 많은 아이디어를 줄줄 생각해 내는 사고의 '유창성fluency,'

③ 새롭고 기발한 그러나 현실적으로 합당한 아이디어를 생각해 내는 독창성originality, ④ 어떤 한 아이디어에만 고착되어 있지 않은 사고의 유연성flexibility의 능력 또는 특성이 있다고 규정했다. 그리고 그는 사람들의 이런 특성의 높낮음은 심리검사로 측정할 수 있다고 주장했다. 그의 이런 주장에는 창의력은 천재들만의 독점물이 아니라 정도의 차이는 있어도 모든 사람이 지닐 수 있는 능력이라는 뜻 그리고 경우에 따라서는 길러지거나 반대로 억압될 수 있다는 뜻이 함축되어 있다.

길포드의 제안은 창의력에 관한 많은 연구를 자극했다. 그중 대표적인 것의 하나가 토렌스E. P. Torrence의 연구다. 그는 길포드가 제안한 민감성·유창성·독창성·유연성을 측정하는 창의력 검사를 개발하고 그것을 기를 수 있는 창의력 훈련 프로그램도 개발해서 출판했다. 한국에도 그것을 번안한 검사와 프로그램이 개발·출판되어 있다. 또 하나는 오스번Osburn의 '브레인스토밍' 기법이다. 그것을 제안한 그의 저서도 우리말로 번역·출판된 바 있다. 브레인스토밍은 집단으로 어떤 문제의 창의적 해결을 같이 모색하는 프로그램으로서 ① 서로의 아이디어를 성급한 판단으로 상호 비판하지 말 것, ② 비상식적인 기발한 아이디어를 자유분방하게 ③ 될 수 있는 한 많이 쏟아낼 것, ④ 여러 아이디어를 결합하고 개선할 길을 찾을 것 등을 수칙으로 삼았다.

이들의 창의력 검사나 훈련 프로그램은 그럴 듯해 보이기는 하지만, 기껏해야 시시한 표층적인 창의력을 다루고 있을 뿐 정말 뜻이 깊은 심층적인 창의력과는 별 관계가 없다는 결점이 있다. 깊은 창의력은 아직도 신비 속에 가려져 있는 셈이다.

　1993년 가드너H. Gardner가 그의 저서에서 제안한 창의력의 '사회
체제이론'이라고도 부를 수 있는 견해에 나는 크게 찬동이 간다. 아
주 간단하게 요약하면, 창의력은 개인individual과 현장field과 영역
domain의 상호작용에서 발현한다는 주장이다. '개인'은 물론 개인의
재질이고, '현장'은 가정·학교·직장 등 그 개인이 직접 살고 활동
하고 있는 환경이고, '영역'은 사회의 자연과학계·문학계·예술계
등 개인이 창의를 기르고 발휘하고 인정도 받을 수 있는 특정 문화
영역의 환경이다. 그의 이론에는 아무리 개인에게 창조적 재질이 있
어도 '현장'과 '영역'이 그것을 길러 주고 발휘하게 해 주는 환경이 아
니라면 창의력은 꽃피지 못한다는 뜻이 함축되어 있다. 따라서 창의
력을 함양하고 발현하게 하려면 '현장'과 '영역'의 정신적 풍토를 적
절하게 조성해야 한다는 뜻도 함축한다.

　나는 1980년 후반 '창의력과 교육'에 관한 한 국제세미나에서, 창
의력은 어떤 교육방법으로 기를 수 있는 능력이 아니라 가정과 학교
그리고 사회 전반의 정신적 분위기의 여하에 따라 발현되는 능력이
라는 취지의 발표를 한 적이 있어서 가드너의 주장에 기꺼이 찬동이
갔다.

　다만, 가드너의 주장을 읽은 다음 그가 주장한 창의력 발현요인인
개인·현장·영역의 세 요인에 더해서 사회 전반의 '문화'도 넷째 요
인으로 고려해야 한다고 생각했다. 예컨대, 조금이라도 '별난 생각'
을 발설하면 곧 이단사설·사문난적으로 모는 교조주의가 풍미하는

사회문화에서는 창의력이 솟아나기가 지극히 어려울 것은 명백하다. 현장·영역·문화는 개인에게 영향을 주는 점차로 넓어져 가는 점진적 환경을 이루고 있다. 남귤북지南橘北枳라는 말이 있다. 남쪽에서는 달콤한 귤이 북쪽에서는 시큼한 탱자가 되고 만다는 말이다. 창의력은 그런 귤과 같다. 창의력 논의의 후반에서 이 사회체제이론의 제안에 따라 창의력 요인인 개인·현장·영역·문화를 좀 더 깊이 논의해 볼 것이다.

4. 강렬한 집중, 늘어진 이완

창의력이란 창의적인 문제해결력을 뜻한다. 사람이 산다는 것은 끝없이 이어지는 문제해결의 과정이다. 배고픔과 추위를 해결해야 하고, 학교에 가서 공부도 하고 동무와 어울리기도 해야 하고, 취직도 해야 하고 기왕이면 '성공'도 해야 하고, 가끔은 병마와 싸우기도 하는 등 삶은 문제의 연속이다. 그 대부분은 이전에 경험한 바, 배운 바에 따라 차근차근 생각하면 해답이 나오는 수렴적 사고의 문제들이다. 그러나 삶의 필요 때문이건 그저 호기심 때문이건 때로는 이미 겪어 본 경험, 이미 아는 지식만으로는 알 수 없는 새로운 문제에 새로운 방법으로 새로운 해답을 창의적으로 찾아내고 '만들어 내야' 하는 발산적 사고가 필요한 경우가 생긴다. 새로움의 정도에 차이는 있지만 둘은 문제해결이라는 점에서 같다.

문제해결의 과정은 대개 ① 문제의 정의, ② 관련되는 사실의 상기와 수집, ③ 해답의 가설 형성, ④ 가설의 실제적 검증이라는 네 단계를 거친다. 예를 들어, 기침이 나고 미열이 있는 문제 상태에서 '이것은 감기 때문이니 감기를 낫게 해야겠다.'고 생각하는 것은 문제 정의 단계다. 아는 지식을 동원하고 약국에서 약사에게 문의도 하는 것은 사실 수집 단계다. '이 약을 먹으면 감기는 나을 것이다.'라고 상정하는 것은 가설 형성 단계, 그 약을 먹어 보고 나았는지 아닌지를 확인하는 것은 실증 단계다. 나으면 문제는 해결되고, 안 나으면 다시 또 하나의 4단계 문제해결 과정으로 이어진다. 이 4단계는 수렴적 사고의 과정이다. 그래도 병이 낫지 않으면 그만큼 새로운 문제에 새로운 방법으로 새로운 해답을 찾아야 하는 발산적 사고가 필요해진다.

창의적 문제해결도 이 네 단계를 거친다는 점에서는 수렴적 사고와 같다. 특히 마지막 실증 단계는 그 자체가 수렴적 사고다. 하지만 창의력 사고는 앞 세 단계에 현저하게 다른 특징이 작용한다. 나는 그 특징을 집중集中과 이완弛緩, 즉 '강렬한 정신집중'과 '늘어진 정신이완'이라고 불러본다.

창의적 인물은 비상하게 '정신집중력'이 강하다. 그의 강한 정신집중력은 두 단계에서 작용한다. 첫째는 긴 세월의 연수과정에서다. 그의 창의적 성취 뒤에는 대개 긴 세월의 강인한 집중적 연찬의 시절이 있다. 모차르트는 다섯 살부터 줄곧 작곡에 열중했고, 피카소는 어려서 말을 배우기 전에 먼저 그림을 그리기 시작했다. 대개 창의적인 대성자는 음악, 회화, 학문 등 제각기 영역의 학습과 연찬에 유년기엔 대개 하루 약 세 시간, 아동기엔 하루 약 다섯 시간, 청년기엔 하루의 대부분인 여덟 시간을 보낸다. 그런 끈질긴 정신적 집중의 동기가 생기는 데는 그의 생득적 기질도 있었겠지만, 가정 등 주변 환경의 영향이 결정적으로 작용한다. 특히 호기심과 성취의욕을 자극하는 환경이 결정적이다.

그의 강인한 연찬의 각 시절, 유아기 · 아동기 · 청년기에는 대개 그 시절에 적합한 '스승'이 있었다. 필요한 기본적인 지식 · 기술을 익혀 주고, 때로는 적절한 칭찬 · 질책 · 격려도 하면서 연찬의 단계를 높여 주는 스승이 있었다. 그 스승은 어머니 · 아버지일 수도 있고, 가정교사 · 학교교사일 수도 있고, 장소와 시대가 다른 먼 스승일 수도 있다. 뉴턴에겐 갈릴레오와 케플러가 그런 먼 스승이었다. 거의 모든 창의적 성취는 앞의 성취를 디디고 일어서서 이루는 성취다. 디디고 설 수 있는 스승의 높은 성취의 기초 없이는 뜻있는 창의의 성취는 어렵다. 어쩌면 그 뜻이 심대한 창의 · 창조일수록 스승을 디디고 설 수 있는 긴 세월의 집중적 연찬이 필요하고, 그렇지 못한 경우 창의 · 창조를 이룬다 해도 그 뜻이 심대할 수 없는 것인지도 모른다.

이런 우화가 생각난다. 어떤 검객이 한층 더 높은 검술을 터득하기 위해서 깊은 산중에 은거해 있는 유명한 검술 도사를 찾아가서 입문을 청하고 제자가 되었다. 그런데 스승은 검술은 가르쳐 주지 않고 한 해 동안 매일 같이 집 안 청소, 설거지, 땔 나무 해 오기 등 힘든 잡일만 시켰다. 힘든 일을 참고 이겨내는 힘을 기르려는 시기다. 한 해가 지난 어느 날부터 검술을 가르치기 시작했는데, 그 연습이 어찌나 격렬했는지 매일 밤 잠을 이루지 못할 정도로 몸 여기저기가 얼얼하고 아팠다. 그러기를 2년이 지난 어느 날 아침 스승은 온데간데 없이 구름처럼 사라지고 머리맡에 '이제는 내가 더 가르칠 것이 없으니 너는 이 책을 참고하여 네 자신을 더 닦아가라'는 내용이 적힌 서찰과 서책만이 놓여 있었다. 창의자는 대개 그런 고행에 가까운 긴 연수를 겪는다.

강렬한 정신집중이 작용하는 둘째 단계는 당장 당면의 문제를 해결하려는 시간이다. 그렇게 문제해결에 골몰해 있는 시간에는 옆에서 누가 부르거나 말을 걸어도 들리지 않는 것은 물론 비행기의 소음도 대포의 굉음마저도 들리지 않는다. 침식마저도 잊고 몇 끼를 걸러도 공복을 느끼지 않고, 며칠 잠을 안 자도 졸리지 않는다. 정신의 예민성이 고도로 앙양되어 있는 생리적 상태다.

우리는 대개 모든 대상을 건성으로 보는 경우가 대부분이다. 처음 만나 인사하는 사람의 얼굴도 대충 볼 뿐 그의 눈 모양, 눈썹 모양, 코와 입의 모양, 얼굴의 주근깨 등을 샅샅이 살펴보는 경우는 거의 없다(그러다가는 그 사람이 기분 나빠하기도 하겠지만). 그러나 창의적 문제해결의 경우엔 문제 대상의 모든 점, 모든 구석구석에 정신을 집중적으로 쏟아야 한다. 거기에 혹 숨어 있을지도 모를 문제해결의 조그마한 실마리도 놓치지 않으려는 정신태세다. 그래서 한 심리학자는 '창의력은 환경과의 강렬한 만남'에서 시작한다고 말한다.

이렇게 창의력의 발현에는 긴 세월 연찬에서의 정신집중과 당면 문제에서의 침식을 잊는 정신집중의 노력이 있어야 하기 때문에 발명왕 에디슨은 '천재란 99%가 땀perspiration이고 1%만 영감inspiration이다'라고 했다. 창의력은 땀으로 이룩한 긴 세월의 온축과 짧은 기간의 강렬한 정신집중의 노력 없이 그저 푸른 하늘을 쳐다보고 영감이 내려오기를 기다린다고 솟아나는 것이 아니라는 말이다.

또 하나 창의력 출현의 기이한 특징은, 창의적 아이디어 자체는 그런 정신집중의 시간엔 잘 떠오르지 않고 도리어 그런 장시간의 정신집중 연후에 그런 문제를 잠시 다 접어 두고 싹 잊어버리고 한가하게 늘어져 쉬는 '이완'의 시간에 느닷없이 번개처럼 돌출한다는 사실이다. 그런 예는 아주 많다.

가장 자주 드는 예가 옛 희랍 아르키메데스의 이야기다. 왕에게서 그의 왕관이 순금인지 아니면 합금인지를 알아내라는 문제를 받고 며칠을 두고 궁리해도 해답을 알 수가 없어서, 하루는 문제를 다 잊어버리고 목욕탕 속에서 늘어지게 쉬고 있을 때 갑자기 그 문제를 해결할 수 있는 물의 부력의 원칙이 떠올랐다. 어찌나 기뻤던지 벌거벗은 채로 '알았다, 알았다!Eureka!'고 외치면서 거리로 뛰쳐나갔다는 이야기다. 뉴턴의 이야기도 유명하다. 중력의 문제에 골몰하다가 잠시 다 잊고 사과나무 아래에 누워서 망중한의 시간을 보내고 있을 때, 달은 지구로 안 떨어지는데 사과는 왜 땅으로 떨어지느냐를 멀거니 생각하다가 갑자기 만유인력의 원리를 깨달았다는 이야기다. 수학자이고 철학자이기도 한 푸앙카레H. Poincaré는 푸시안 함수라는 존재 여부를 증명하려고 몇 주 동안 궁리했는데도 해답을 얻지 못하자 문제를 다 접어두고 훌훌 여행을 떠났다. 여행 도중 어느 날 관광버스에 오르는 첫 계단을 디디는 순간 난데없이 번개처럼 그 해답이 떠올랐다고 한다.

사람이 가장 축 늘어져 쉬는 이완은 잠자는 시간이다. 사람들은 잠자는 동안에 온갖 꿈을 꾸는데, 그런 꿈에서 창의적인 아이디어의 힌트를 얻었다는 이야기도 비일비재하다.

화학자 케쿨레F. A. Kekule는 꿈에서 뱀 몇 마리가 서로 꼬리를 물고 돌아가는 모양을 보고 벤젠의 육각형 구조의 힌트를 얻었다. 정신의학자 융은 꿈에서 어느 집에 초대받았는데, 그 집의 이층에는 현대적인 가구들이 놓여 있었고, 일층에는 고풍스러운 구식 가구들이 차 있었으며, 지하실로 내려가 보니 거기엔 더 옛날의 갑옷·창·활 같은 고물들이 널려 있고, 지하실을 한층 더 내려가 보니 거기엔 원시시대의 돌도끼·나무방망이 같은 유품들이 즐비했다. 그 꿈에서 그는 한 집단의 사람들의 정신구조의 바닥에는 그 집단이 고대로부터 거쳐 온 여러 시대의 사고방식의 유습이 층층으로 남아 있어서 현대인의 사고에 무의식적으로 작용하고 있다는 그의 '집단무의식 이론'의 힌트를 얻었다. 아인슈타인은 꿈에서 하늘을 날고 있었는데, 옆에서 쏜살같이 지나가는 빛의 속도를 따라잡으려고 자기도 속도를 올렸더니 따라잡는 순간 빛도 없어지고 자기도 없어져 버렸다. 거기에서 세상엔 빛보다 빠른 속도는 있을 수 없다는 상대성이론의 한 아이디어의 힌트를 얻었다.

비슷한 경험을 적어 놓은 기록이 없어서 그렇지 많은 창조적 성취에는 그 아이디어가 이런 한가로움이나 꿈의 시간에 돌출한 것이 대부분일 것이라는 추측도 가능하다. 왜 이렇게 한가로운 이완의 시간에 창조적 아이디어가 돌출하느냐에 관한 다음과 같은 정신분석학적 설명에 공감이 간다.

인간의 정신작용에는 일차적인 무의식과정과 이차적인 의식과정이 있는데, 무의식과정에서는 생리적·심리적 욕구와 그 충족을 위

창의력과 공의식

한 사고과정이 어떠한 금제나 억압 없이 노골적으로 자유분방하게 진행된다. 꿈에서는 죽은 사람도 만나고 하늘도 날고 생시엔 생각도 못한 온갖 신기하고 기괴하고 때로는 망측한 장면이 거침없이 떠오른다. 그러나 이차적인 의식과정에서는 사고과정이 여러 현실적 금제, 현존의 논리·윤리·지식·관례 등의 제약 속에서 진행되어야 한다. 어쩌다 기괴한 아이디어가 떠오르려 하다가도 그것이 현실적 제약에 저촉되는 것이면 그것을 의식과정에 떠오르지 못하도록 무의식 속으로 억압해 버리기 일쑤다. 하지만 꿈에서는 그런 아이디어들이 거침없이 진행되고, 그중에는 창의적 아이디어를 시사하는 힌트를 주는 꿈도 있는데, 그 힌트를 포착하면 창의가 출현한다. 밤의 잠에서만 아니라 대낮 한가로운 시간의 자유분방한 공상 중에도, 공상을 '백일몽'이라고 부르듯이, 비슷한 심리가 작용한다.

이렇게 이완의 시간에 창의가 돌출하는 것이 흔한 현상이기 때문에 그런 이완의 시간을 암탉이 며칠을 아무 일도 안 하고 쉬고 있는 듯이 조용히 알을 품고 있지만, 마침내 병아리를 낳는 것과 같은 '부화孵化'의 단계라고 부르기도 한다. 그래서 창의적 문제해결의 과정은 문제 정의, 사실 수집, 부화, 가설 형성, 검증의 다섯 단계에서 집중과 이완이 적절히 점철되어 있어야 한다. 다만, 부화의 시간에는 강렬한 정신집중의 연찬과 연구에 의한 사고의 온축이 선행되어야 한다. 그런 온축 없는 꿈이나 백일몽은 부질없는 잡된 개꿈일 뿐이다. 창의는 그런 정신집중으로 길러진 온축 속의 여러 아이디어의 상호작용으로 형성되는 것이라고 볼 수밖에 없기 때문이다. 부화는 그런 상호작용의 시간이다.

5. 호기심에 찬 개인

　우리는 앞에서 창의는 개인 · 현장 · 영역 · 문화 네 요인의 상호 작용에서 발현된다고 보았다. 여기에서는 먼저 개인, 즉 창의적인 인물의 인성적 특징부터 살펴본다.

　창의적인 인물의 논의에서는 흔히 세계 문화사를 빛낸 창의의 거장들이 거론되지만, 여기에서는 앞에서 언급한 길포드의 주장대로 창의력은 그런 거장들만 지닌 개인적 특징은 아니고, 모든 사람이 정도의 차이는 있지만 다 창의력에 소질이 있다는 것을 전제로 한다. 예를 들어, 대담에서 재치 있는 유머를 지어 내는 것도 하나의 창작이고, 재미있는 만화 캐릭터를 창작해 내는 것도 하나의 창작이다. 혹 창의의 거장들에게는 어떤 생득적인 특징이 있었겠지만, 보통 사람도 그의 생활사에서 겪는 사회환경 여하에 따라 창의적 소질이 촉성되기도 하고 위축되기도 한다. 삶에서 겪는 문제는 문제인

이상 다 어느 정도는 새로운 문제다. 아니면 '문제'가 아니다. 그런 점에서도 모든 살아 있는 사람은 창의자다. 다만 다음에 논의할 창의자의 네 가지 자질은 거장들의 경우에 특히 현저할 뿐이다.

　첫째로 가장 중요한 특징으로 '호기심'을 들어야 한다. 인간은 호기심의 존재로 태어난다. 신생아는 정신이 좀 들면 주위의 사물과 동태를 눈을 크게 뜨고 응시한다. 말은 못하지만 그 눈은 끊임없이 "이게 뭐냐?" "저게 왜 저래?"라고 묻고 있다. 갓난아이는 호기심의 화신이다. 서너 살이 되면 아이들은 "바람은 왜 불어?" "하늘은 왜 파래?" 등 귀찮을 정도로 '왜?' '왜?'라는 질문을 연발한다. 만사에 호기심이 발동하기 때문이다.

　그러나 자라나면서 그 많은 호기심이 보통은 미신·신화 또는 전통적인 관례·상식에 의한 '땜질' 답으로 덮이고, 귀찮을 정도로 연발하는 '왜?'라는 질문도 제동을 받으면서 호기심은 위축되기 시작하고 만사를 그저 당연한 것으로 여기게 된다. 창의력 함양의 첫 관건은 성장과정에서의 그런 창의력 위축을 최소화하는 데 있다. 창의력의 인물은 어린애와 같은 호기심을 계속 유지하는 사람이다. 왓슨은, 다른 사람들은 그저 당연한 예사로 넘길, 주전자에서 끓는 물이 뚜껑을 들썩이게 하는 것을 유심히 들여다보다가 '왜' 그런지를 궁리한 호기심이 원인이 되어 산업혁명을 이끌어 낸 증기기관을 발명했다.

　호기심은 필연 다른 여러 특징을 수반한다. 우선 호기심의 인물은 '회의·질문'을 좋아한다. 많은 것을 그저 당연한 것으로만 보지 않기 때문이다. 그리고 그렇게 회의하고 질문할 수 있는 '자유'를 갈 망한다. 특히 여러 권위자와 상식과 관례가 '이렇다' 해도 '나는 그렇 게 생각하지 않는다'고 생각하고 말할 수 있는 '부동의_{不同意}의 자유' 를 갈망하고 행사하려 한다. 그 때문에 기존의 관례와 상투적 사회 여론에 밉보이기도 한다. 부동의를 밉보면 창의력의 발현이 어려워 진다. 그러나 창의자가 바라는 것은 호기심을 추구하는 정신적 자유 일 뿐 반사회적인 행동의 자유가 아니다. 또한 호기심의 추구자는 당연히 '탐구·실험·모험'을 즐긴다. 이 또한 기존 체제는 그리 환 영하지 않는 것이기 때문에 호기심은 위축된다.

호기심의 추구는 필요의 추구와 대조된다. 돈 벌기 '위한' 창의, 경 제발전을 '위한' 창조는 필요 충족을 위함이다. 호기심도 필요도 둘 다 창의적 사고를 유발할 수는 있다. 하지만 거기엔 몇 가지 중요한 차이점이 있다. 첫째, 호기심이 찾는 것은, 앞에서도 말했듯이, 우선 사물의 '진·선·미'의 발견이고, 거기에 수반하는 '유레카!'의 '놀라 움과 즐거움'이다. 반면 필요가 찾는 것은 어떤 욕망·욕구의 충족 인 '이_利, 즉 쓸모다. 둘째, 진·선·미의 발견이 '이'의 발견에 앞서야 한다. 진·선·미가 아닌 것은 이롭지도 않고 쓸모가 없기 때문이 다. 따라서 필요에 몰린 쓸모의 추구도 어느 시점에는 진·선·미의 추구가 있어야 한다. 셋째, 정말 뜻이 심대한 창의적 발견은 호기심 을 추구할 때 더 자주 출현하고, 그것이 도리어 후일에 크나큰 실용 적 쓸모를 발휘한다. 세균의 발견도, 세균을 죽이는 페니실린의 발 견도 애당초 병 치료의 필요, 즉 쓸모를 위해서 발견된 것이 아니라 우연히 관찰한 특이한 현상에 대한 호기심의 추구가 발단이었다. 원자력의 발견도 원자구조에 관한 호기심이 발단이었지 원자탄을 만들려는 것이 그 동기가 아니다. 넷째, 필요가 발단인 연구는 욕구 충족이 급해서 그럴 듯하지만 실은 허위인 것을 진·선·미로 속단하는 경우가 많고, 따라서 실리도 얻지 못하는 경우가 비일비재하다. 이 점은 벌써 옛날 노자老子가 그의 『도덕경』 첫머리에서 경고했다. '욕심이 없으면 사물의 깊은 오묘한 것을 볼 수 있고, 욕심이 있으면 사물의 번들번들한 겉모양만 보게 된다'는 구절이다. 이런 관점에서 보자면 경제부흥의 수단으로 창의·창조를 추구하는 '창조경제'라는 구호에는 그 노력에 한계가 있는 셈이다.

 둘째, 창의적인 인물은 남달리 '성취동기'가 강하다. 성취동기란 무엇이든 하는 일을 끝끝내 훌륭하게 이루어 내려는 의욕이다. 거의 모든 사람은 많은 돈이나 높은 지위 같은 보수를 준다면 열심히 일하는 의욕을 보인다. 하지만 그것은 심리학이 말하는 성취동기는 아니다. 성취동기란 어떤 보수가 따르건 안 따르건 간에는 별 관심 없이 어려운 일을 깨끗이 훌륭하게 해내는, 성취 자체의 만족감 때문에 정진하는 의욕을 뜻한다.

 그런 높은 성취동기 때문에 창의자는 긴 세월의 격렬한 연수도 이겨 내고 침식마저 잊어버리는 강렬한 정신집중의 시간을 견디어 낸다. 유능한 창의적인 기업가는 반드시 돈벌이에만 목적이 있는 것이 아니라 어려운 일을 성취해 내는 만족 그 자체가 더 큰 기쁨인 사람이다. 벌어들이는 돈 액수의 다과는 그저 성취의 정도를 가늠하는 한 참고사항일 뿐이다. 장차 수학으로 정말 창의적인 성취가 가능한 학생은 우등상이나 수석 합격의 영예가 목적이 아니라 수학 자체의 묘미에 매료되어 그 연찬에 정진하는 학생이다.

쉬 짐작할 수 있듯이 이런 성취동기는 그 쓸모를 찾는 외재적 가치의 추구가 아니라 호기심 충족 자체가 기쁨인 '내재적 가치'의 추구라는 말과 같은 말이다. 학문이건 예술이건 스포츠건 어린아이들의 초기 연찬과정에서는 맛있는 과자나 희한한 장난감 같은 보수로 격렬한 연수 노력을 유발해야 할 경우는 있다. 그러나 대성하려면 그런 외재적 유혹은 내재적인 성취의욕으로 대치되어야 한다. 거기엔 부모의 역할이 결정적이다.

높은 성취동기의 한 특징은 '실패'를 두려워하지 않고 실패 때문에 좌절하지도 않는다는 점이다. 어려운 문제에서의 실패가 두려워 도전을 멈추지도 않고, 혹 실패했을 경우에는 도리어 그것을 성취를 위한 학습경험의 계기로 삼는다. 에디슨은 전등에 쓸 전열에 녹지 않는 발광물질을 발견하느라고 천 개가 넘는 물질로 실험을 했고 실패를 거듭한 끝에 발견했다. 그러면서 "나는 그 천 개의 물질이 발광체가 될 수 없다는 것을 배웠다"고 말했다.

사람은 성공의 경험에서도 배우지만 실패의 경험에서 더 많은 것을 배운다. 쉬운 문제들로 100점을 받기보다는 어려운 문제들로 70점을 받는 것이 더 한층 높은 성취를 위한 학습경험이 된다. 그것이 잘못한 문제를 바로잡을 수 있는 기회이기 때문이다. 윔블던 테니스 시합 참가자의 대부분은 정상에 이르지 못하고 도중에 패배할 것을 알면서도 도전한다. 실패가 성공의 밑거름이 되기 때문이다. 따라서 실패를 두려워하고 나무라기만 하는 풍토는 창의의 풍토가 아니다. 학위논문 등 여러 연구논문은 대부분 '이렇게 했더니 이런 기대했던 결과가 나왔다'는 성공담인데, 나는 가끔 때로는 '이래도 저래도 기대했던 성과가 나오지 않더라'는 실패담도 보람 있는 논문일 수 있지 않을까 생각한다.

셋째, 창의적인 인물은 거의 다 '다취미'의 인간들이다. 자기의 전공 분야만 아니라 다른 여러 분야에도 관심과 취미가 많다. 이것은 호기심의 존재에겐 당연한 특징이다. 그의 넘치는 호기심은 한 곳에만 쏠려 있지 않고 만사가 그의 호기심을 끌기 때문이다. 다빈치는 화가일 뿐만 아니라 조각가, 과학자, 공학자이기도 했다. 신라의 석학 최치원은 유·불·선에 통달했고, 이순신 장군은 문무를 겸했으며, 다산 정약용은 『목민심서牧民心書』에 펼친 경세사상만 아니라 시·서·화에도 조예가 깊었다. 아인슈타인은 피아노에도 능숙했다고 한다. 20세기 영국의 석학 러셀B. Russell은 철학자·과학자·수학자·문필가를 겸했고 반핵·환경보호 등 사회운동에도 적극적이었다.

이렇게 창의자의 다취미는 그의 남다른 호기심의 당연한 결과이기도 하지만, 그것이 색다른 여러 사고방식의 교차·전이·융합을 가능케 하여 창의 산출의 비옥한 터전을 마련해 주기도 한다. 디지털 정보공학의 귀재였던 스티브 잡스Steve Jobs가 직원들에게 그리고 자신에게도 강조했던 좌우명은 '달리 생각해 보라Think different'였다. 어려워 막히면 다른 관점, 다른 접근, 다른 방법을 찾으라는 뜻이다. 그렇게 달리 생각하려면 다른 생각을 할 수 있는 넓은 기초가 있어야 하는데, 그런 넓은 기초는 여러 다른 분야에 관한 다양한 경험이 제공한다. 한때 한국의 한 저명한 물리학자가 한 좌담에서 '물리학을 깊이 전공하려는 학생은 객쩍은 음악이니 미술 같은 공부는 할 필요 없다'고 호언하는 것을 들은 적이 있다. 그는 아마 아인슈타인이 피아노에도 능숙했다는 사실을 몰랐던 모양이다.

이와 같은 다취미와 창의력의 관계는 창의자에겐 다양한 경험과 폭넓은 교양교육의 배경이 요망된다는 결론을 시사한다. 후론하겠지만 그런 폭넓은 경험과 교양을 제공하는 책임은 가정과 학교·대학에 있다.

넷째, 창의적인 인물은 '자율성', 자율의 의욕이 강하다. 개성이 강하다는 뜻과 비슷하다. 의견·충고·권유는 듣고 참고는 하지만 권위·권력의 강압적인 명령에는 거부감을 느끼고, 집단과 어울리기는 하지만 집단적 사고의 압력에 반드시 동조하지는 않는다. 도리어 자기 뜻에 맞지 않게 권위와 집단의 압력이 '이것이다'라고 하면 '저게 아니냐'고 생각하고, '이리로 가라'면 '저리로 갈 것'을 궁리한다. 그런 점에서 창의자는 일종의 '청개구리'다.

강한 호기심 때문에 권위와 집단이 당연하다고 생각하고 있는 것에 끊임없이 회의·질문·반론을 일삼는 창의자의 부동의·부동조의 기질은 자칫 반사회적이고 밉보이기 쉽고, 따라서 억압의 대상이 되기 쉽다는 데에 창의자 출현이 어려운 한 이유가 있다. 하지만 창의자가 반사회적인 인물은 아니다. 도리어 현실 동참에서 떨어져서 사회문화의 결함과 부조리를 객관적으로 성찰하고 시정해 보려는 인물들이라고 보아야 한다.

창의자는 권위와 집단과는 한 발짝 거리를 둔다. 그것은 그에게는 고독한 시간이다. 그런 고적한 시간이 있어야 세상만사에서 떠나서 강렬한 정신집중의 연찬·연구도 가능하고, 만사를 잊어버리고 고독하고 한적한 창의 '부화'의 시간도 가질 수 있다. 그러나 그런 고독의 시간은 동시에 혼자서 쓸쓸한 고독감을 되씹어야 하는 힘든 시간이기도 하다. 그런 고독한 시간은 한편으로는 창의자에게 기쁨과 명예를 줄 수 있고, 또 한편으로는 고독과 고뇌를 줄 수도 있다. 후론하겠지만 그래서 창의자는 반드시 행복한 사람은 아니다.

다음에서 창의자 출현의 나머지 요인, '현장'과 '영역'과 '문화'라는 환경의 특징을 차례로 논의하겠지만, 그 논의의 요점은 다 그런 직·간접적인 환경이 앞에서 논의한 호기심과 성취동기, 다양성과 자율성의 희구라는 창의적 기질을 얼마나 억누르지 않고 받아 주고 장려하고 길러 주는 환경이냐 아니면 그것을 억제·금기·압살하는 풍토냐에 관한 성찰이다. **창의적인 인물은 다행히 창의 신장에 긍정적인 환경에서 성장할 수 있었던 사람들이다.**

6. 너그러운 환경

사람들은 대개 가정에서 자라고 학교에서 배우고 직장에서 일하며 산다. 가정·학교·직장은 사람들의 여러 심성 형성에 영향을 주는 직접적인 환경, 즉 '현장'이다. 모든 대소의 사회집단에는 어떤 모양으로 그 성원들의 행동을 규제하는 집단문화가 형성되어 있다. 각 가정엔 그 나름의 가정문화가 있고, 각 학교나 직장에도 그 나름의 학교문화와 직장문화가 있다. 가정문화 여하는 부모의 육아행위 여하가 결정하고, 학교문화는 교장과 교사의 교육행위 여하가, 직장문화는 사장과 간부의 경영행위 여하가 결정한다는 것을 미리 밝혀 둔다. 창의적인 심성도 그런 집단문화의 영향을 짙게 받으면서 촉성·함양될 수도 있고 반대로 억압·위축되기도 한다.

모든 '가정'에서 아이는 앞에서도 말했듯이 호기심의 존재로 태어난다. 그의 유난히 큰 대뇌 때문이다. 문제는 부모가 한편으로는 그 호기심을 충분히 만족시켜 주고, 또 한편으로는 그 호기심을 더 자극하고 조장해 주느냐 아니냐에 있다. 모든 일에 높은 호기심은 자율적인 탐색의 원동력이다. 여러 연구를 종합해 보면 호기심을 부추기는 부모의 가정에는 몇 가지 특징이 있다.

우선 그런 가정에는 '문화적 환경'이 풍부하다. 장난감도 많고 책꽂이에 책도 많고, 벽에 걸려 있는 그림도 많고, 여러 가지 악기도 많고 아이들의 호기심을 끄는 사물이 풍부하다. 그런 문화적 사물들은 텔레비전처럼 그냥 수동적으로만 바라보거나 비디오게임처럼 손가락으로 건드리기만 하면 되는 것보다는 아이가 직접 손으로 조작할 수 있는 것이 호기심을 더 자극한다. 이런 문화적 환경을 마련해 주려면 먼저 부모 자신에게 적정한 문화적 교양과 경제적 여유가 있어야 한다. 그래서 창의자들은, 간혹 예외는 있지만, 대개 중산층 이상에서 출현한다.

창의자를 길러 내는 부모는 그 자신이 '성취동기'가 높고 아이에게도 높은 성취의욕을 요구한다. 단 그 성취동기는 음악이든 그림이든 과학이든 문학이든 어떤 사회·경제적 지위상승을 위한 성취동기가 아니라 문화적 활동 그 자체의 높은 성취를 위한 동기다. 아이들은 피아노·공작·책 읽기 등 뜻있고 보람 있는 일에 열중하다가도 너무 어렵거나 지루하면 싫증을 내는 경우가 많다. 그럴 때면 적절한 회유로 다시 성취의욕을 자극한다. 단, 이런 때 강압적인 질책은 도리어 역효과를 내고 호기심마저 잃게 한다. 그리고 아이들은 부지불식간에 많이 부모의 행위를 닮는다는 사실에 특히 유념해야 한다.

어떤 재촉이나 질책보다는 부모 자신의 성취행위가 본보기의 효과가 더 크다. 저녁에 부모는 텔레비전만 보고 있으면서 아이에게 공부하라고 하면 그 공부에 열의가 날 리 없다. 일반적으로는 개천에서 용이 나오기는 어렵다. 그러나 가난한 집안에서도 그것을 극복하려는 강한 성취의욕의 부모에게서는 용이 나올 수도 있다.

무엇보다도 창의자의 부모는 일반적으로 '너그럽다.' 성취를 합리적으로 요구하는 이외에는 거의 모든 일에 허용적이고 관용적이다. 아이의 기이한 질문도 일단 다 들어주고, 해 달라는 요구도 합리적이고 가능하면 다 받아 준다. 그것이 정서적 자유를 넓혀 주고, 마음껏 발산적 사고를 휘날릴 수 있게 한다. 물론 아이들은 돌을 지나면 '청결'이라는 덕목을 기르는 대소변 가누기부터 시작하는 도덕적 훈육을 받아야 한다. 그런 도덕성의 발달은 이 책의 두 번째 주제인 '공의식' 함양의 문제와 직결된 큰 문제다. 도덕 훈련은 물론 행위의 제약을 뜻한다. 도덕과 지력의 관계는 철학적·심리학적으로 난삽한 문제이지만, 원칙적으로는 도덕적 행위의 제약이 지적인 정신의 제약으로 이어져서는 안 된다. 그런 제약이 극심하고 급격한 경우엔 도덕도 지력도 둘 다 경직화되기 때문이다. 도덕적 행위의 훈육은 합리적으로 엄하면서도 지력의 자유는 넓게 허용하는, 어려운 균형을 이루고 있는 너그러운 가정에서 창의력은 함양된다.

한국의 '학교교육'은 초등학교도 중등학교도 취학률이 거의 100%고, 대학까지도 취학률이 90%에 가깝다. 거의 모든 아동·청소년이 그 많은 세월, 그 많은 시간을 학교에서 공부하고 있으니, 긍정적으로건 부정적으로건 학교는 창의력 여하를 포함한 한국인의 심성 형성에 크나큰 영향을 주고 있는 것은 명백하다. 학교교육의 문제는 따로 Ⅲ부에서 '공의식' 함양의 문제와 같이 논의할 것이기 때문에 여기에서는 서론격으로만 언급하기로 한다.

한때 미국의 한 논자가 미국의 학교교육을 비판하면서, '지금의 학교교육은 학생들의 창의력을 압살하면 했지 그 함양에는 하등 기여하는 바가 없다. 창의력 함양에서 학교교육이 할 수 있는 최선은 그래도 어쩌다 솟아나려는 창의력의 싹을 짓밟지는 않는 일인데 그것마저 어렵다'라고 비판했다. 그 말은 어쩌면 한국의 학교교육에 더 들어맞는 비판일 것이다. 물론 지난날 한국교육은 후진국에서 중진국으로 성장하는 데에 결정적인 공헌을 했다. 그러나 이제 선진국으로 진입하려면 한국교육엔 강한 방향의 전환이 절실하다. 그 하나가 창의력 함양을 향한 전환이다. 그 전환을 위해서는 다음 네 가지 문제를 해결해야 한다. 다 어려운 문제지만 해결이 불가능한 문제는 아니라고 나는 믿는다.

첫째는 대학입시를 위시한 각종 고시들을 지식기억 위주의 필답 고시가 아니라 지·정·덕·체를 고루 평가하는 '전인평가'로 대치할 것, 둘째로 동시에 학교교육을 다량의 지식기억주의에서 폭넓은 문화 경험을 제공할 수 있는 '전인교육' 프로그램으로 전환하고 그럴 수 있는 시설과 교사 내지 자원인사를 확충할 것, 셋째로 그에 따라 학교가 학생 각자가 관심 있는 호기심을 능동적으로 넓고 깊게 추구할 수 있는 신나는 곳으로 변화할 것, 넷째로 학부모들의 출세주의적 교육관을 인간주의 교육관으로 전환을 유도하는 것이다. 이런 전환에 관한 좀 더 자세한 논의는 III부로 미룬다.

사람들의 '직장'은 자영업 이외에는 대개 기업체나 정부기관 등 어떤 조직체다. 조직은 대개 회장·사장, 부장·과장, 계장·계원 등 상하로 위계가 있고, 그들이 분담하는 업무부서가 좌우로 배열되어 있는 관료조직을 이루고 있다. 그런 관료조직은 사회학자 베버M. Weber가 말했듯이 조직의 목적을 가장 효율적으로 달성하기 위해 고안된 조직이다.

그런 효율적 달성을 위해서는 원칙적으로 업무추진의 방향이 어떤 모양으로든 상하좌우의 '자유로운 의견소통' 위에서 결정되는 직장문화가 있어야 한다. 상의하달만 아니라 하의상달의 기회도 있어야 하고, 각 부서의 독립적 의견만 아니라 좌우상달을 토대로 한 발안의 기회도 있어야 한다. 그런 풍부한 상하좌우의 의견 통달 속에서 창의적 아이디어가 발생할 가능성이 커지기 때문이다. 그러려면 서로 마음을 열고, 서로를 수용하는 '너그러움'이 있는 직장문화가 형성되어 있어야 한다. 그렇지 못하고 상의하달만 있고 하의상달이 막혀 있을 경우 또는 각 부서의 독립만 있고 부서 간의 의견상달이 없는 정도에 따라 그것은 경직된 전제적 '관료주의'로 전락하고 그런 옹졸한 집단문화에서 창의적 아이디어는 출현하기 어렵다.

이스라엘 군대에서는 중요한 작전을 구상할 때 물론 상부 사령관과 참모진의 의견도 종합하지만, 어떤 절차로든 하부 장교들과 사병들의 의견도 종용하고 참작한다고 한다. 물론 그런 과정 후에 결정되는 작전 명령에는 모두가 일사불란하게 따른다. 작전이 끝난 후에도 그 성패의 평가에 하부 장교와 사병들의 의견을 참작한다. 그것이 이스라엘 군대의 강점이라고 한다.

나는 가끔 텔레비전에 나오는 국무회의 장면에서 어떤 경직감을 느낀다. '회의'는 의견들이 만난다는 뜻인데, 방영되는 장면은 대통령 의견의 하달뿐이고, 배석한 장관들의 의견 발표 장면은 없다. 달리 개별적으로 하의상달하는 경우는 있을 것이라 생각하지만, 텔레비전 장면에서는 볼 수 없는 것이 국정의 경직성을 느끼게 한다.

창의가 발생할 수 있는 직장은 각 위계 계층의 직원에게 적정한 '**자율성**'을 넓게 허용한다. 앞에서도 말했지만, 창의자는 자율성이 강하기 때문이다. 명령의 실행과정에서 해야 할 자질구레한 세부사항까지 지시하면 창의자는 거부감에 반발감마저 느낀다. 한때 학생 시위가 심했던 시절, 그 방지책의 일환으로 교육부가 대학교수의 학생 성적평가 방법에 지나치게 간섭한 적이 있다. 그 자체가 대학의 자율성을 속박하는 처사였지만, 더 역겨웠던 것은 '강의 성적을 기말고사, 중간고사, 출석률, 과제물을 각각 몇 %씩 합산해서 매기라'는 지시였다. 그런 지시를 강요하는 문화풍토에서는 아무런 창의도 기대할 수 없다.

가정에서나 학교에서나 직장에서나 생활에 '**집중과 이완**'의 시간이 적절히 안배될 필요가 있다. 한국의 직장은 일반적으로 너무 격무에 시달리고 '한가한 이완'의 시간이 거의 없어 보인다. 빈곤탈출을 위한 발전의 시대엔 그렇게 격무를 이겨 내고 진종일 바쁘게 일에 열중해야 했다. 그것이 새마을운동의 '근면'이라는 구호에도 들어

맞았다. 그 여파로 지금도 기업체의 고층빌딩에는 밤늦게까지도 모든 층의 전등이 환하게 켜져 있는 것을 자주 본다. 아직도 그렇게 격무에 잠겨야 할 시대일지는 모르나, 선진국으로 진입하려면 가끔은 일을 잊고 쉬고 공상할 수 있는 나날이 있어야 하고, 근무시간 중에도 잠깐은 일을 잊고 쉬면서 한가한 백일몽에 잠기는 이완의 시간도 있어야 한다.

특히 기업체의 발전을 창안해야 하는 '기획'부서나 '연구'부서의 직원에게는 각종 압력을 받지 않고 마음을 비울 수 있는 이완의 시간이 필수다. 지금은 어찌 되어 있는지 모르겠지만, 미국의 스탠퍼드 대학교 근처 팔로알토라는 곳에 포드 재단이 지원하는 '고등행동과학연구원'이 있었다. 학자들이 유명해지면 흔히 대학의 학장·총장 등 행정직을 맡게 되어 학문적 생산성이 줄어들기 때문에, 현직과 맞먹는 봉급을 주면서 일 년간 연구원에 기숙하고 '공상의 시간'을 가질 수 있게 하는 기관이다. 인문학·사회과학이 주였으나 때로는 자연과학 학자도 초청했다. 매일 아무 의무 없이 각자의 연구실에서 '공상'만 하고 있으면 되고, 필요하면 근처 스탠퍼드 대학교의 도서관에 들러 책을 열람할 수도 있었다. 다만, 한 가지 '의무'는 아침 약한 시간 '커피 시간'에 같이 모여 '잡담'하는 시간이다. '잡담'이라지만 제각기 학구열이 강한 사람들이기에 그 내용은 거의 다 각 학문의 첨단 주제들이 된다. 그렇게 일 년을 보낸 후 학자들 대부분이 일 년 후에 학문적 대작을 펴냈다. '이완'의 시간에 창의적 아이디어들이 풍부하게 '부화'되고 있었던 것이다.

이러한 집중과 이완의 시간은 가정이나, 특히 학교의 생활에서도 점철되어야 한다. 입시준비라는 압력 때문에 학교에서도 진종일 공부하고, 방과후, 밤까지도 학원에서 공부하고 방학 동안에도 늘어지게 쉴 수 없는 긴장 연속의 생활은 창의적 아이디어의 '부화'와는 전연 인연이 없는 생활이다. 그렇게 지낸 학생들에게서 장차 창의적 인물이 나오기를 기대하기는 어렵다. 한국이 창의적인 나라가 되려면 이젠 사람들이 좀 덜 바빠야 한다.

7. 성숙한 문화영역

한 사회에는 예컨대 물리학계 · 경제학계 · 문학계 · 전자공학계 · 미술계 · 음악계 · 체육계 등 여러 문화'영역'이 있고, 그 각각의 활동에 관계되는 학회, 협회 등 여러 조직이 있다. 창의적 성취의 후보자들은 그런 각 영역의 영향을 받으면서 자라나기도 하고 반대로 눌려 버리기도 한다.

우선 창의자가 출현하려면 그 영역의 '문화 수준'이 그럴 수 있을 만큼 충분히 성숙되어 있어야 한다. 정확하게는 '문명 수준'이라고 해야 할 것이다. '문화'에는 두 가지 뜻이 포함되어 있기 때문이다. 문화인류학적인 뜻에서는 원시건 현대건 모든 사회에 '문화'가 있고, 각기 특수성은 있지만 고저 · 우열을 논할 수는 없다. 하지만 그런 문화 중에 진 · 선 · 미 등의 가치에 비추어 보다 개명되고 세련된 것을 '문명'이라고 부를 수 있다. 한 사회가 가지고 있는 그릇된 미신도 그들의 '문화'다. 그러나 그것은 '문명'은 아니다. 문명은 우열을 가늠할 수 있다. 그러나 여기에서는 두 뜻을 다 합해서 '문화'라고 부르기로 한다. 각 문화영역은 그 영역에 축적된 문화적 성취의 기초 위에서 창의의 후보자를 유인하고 길러 내고 평가하고 인정하고 '진출'하게 하기에 충분한 성숙된 문화 수준이 있어야 한다.

더 말할 나위 없이, 예컨대 저명한 물리학자가 드문 영역에서 물리학의 창조적 인물이 탄생하기는 어렵고, 피아노의 거장이 드문 음악계에서는 창조적 피아니스트의 탄생도 어렵다. 지금 대부분의 아프리카 나라들처럼 경제적으로만 아니라 문화적으로 가난한 동안에는 창의의 출현은 불가능하다. 그래서 성취동기가 있는 젊은이들은 문화 수준이 높고 저명한 거장들이 있는 곳을 찾아 외국 유학을 가기도 한다. 앞에서도 언급했듯이, 창의적 성취자에겐 대개 그를 길러 준 '스승'이 있고, 그의 성취는 대개 앞선 성취자들인 그 스승의 '어깨 위에 올라서서' 이루어지기 때문이다.

문화영역은 그렇게 창의자를 자극하고 길러 줄 뿐만 아니라, 그의 성취를 '평가'하고 '인정'하고 한층 더 높은 진출을 가능케 하는 등용문의 수문장 역할도 한다. 아무리 창의적인 성취도 그것을 제대로 평가하고 인정해 주는 관례가 없거나 왜곡되어 있으면 창의자는 출현하지 못한다. 한 영역의 문화 수준만 아니라, 그 문화영역의 평가 관례의 적정성 여하도 문제가 된다. 예컨대, 여러 학계에서는 많은 논문이나 저작이 발표되고, 그 비판·논평도 따르는 경우가 많다. 하지만 그 비평들이 논문 자체의 실증적·논리적 타당성의 비평이기보다는 선입견이 빚는 '인신공격적'인 경우도 많고, 반대로 인간관계의 친화를 위한 '인신찬양적'인 비평인 경우도 많다. 즉, '긴 세월의 연구도 해 보지 않은 자가……' 운운하는 것은 인신공격적 논평이고, '훌륭한 인격을 갖춘 이……'로 시작하는 것은 인신찬양적인 논평이다. 이런 인신관여적인 비평의 관례 속에서는 창의자가 출현하기 어렵다.

한 문화영역 그리고 거기에 드는 대학·협회 등 여러 기관에서는 보수나 진급 체제가 '연장제'인 경우가 많다. **지나치게 업무경험 기간의 장단에 따라 자동적으로 보수나 진급이 결정되는 경직된 연장제 아래에서는 창의자의 출현은 어렵다.** 전술했듯이 창의의 의욕은 반드시 보수나 진급 또는 사회적 명성 같은 외재적인 유혹이 동기가 아니고, 무엇보다도 순연한 호기심이 동기다. 그러나 속세에서 살아가야 하는 인간인 이상 창의자도 그런 보수를 마다하지는 않는다. 노벨상에도 상당히 거액의 상금이 따른다. 진정한 성취의욕도 성취의 외재적인 보수보다는 성취의 기쁨 자체가 동기이기는 하지만, 그래도 근자에 여러 기관에서 실시하기 시작한 성과급제도는 연장제를 완화하고 성취동기를 부추기는 데에 조금은 도움이 될 것이다. 단, 창의자는 창의의 시간을 박탈하는 높은 위계로의 '출세'는 기피하는 기질이 강하다. 아직도 스스로 학문적 생산력이 있다고 자부하는 학자는 학장·총장·장관 등 행정가로의 '출세'를 거부한다.

곁들여 생각해야 할 사실은, 물론 예외는 있지만, 수학·자연과학·예술계에서의 창의자는 일반적으로 이삼십대의 젊은층에서 출현하고, 인문계·사회과학계에서는 장년층에서 나타나는 경향이 있다는 것이다. 그런 경향에는 수학·자연과학·예술계 등에서는 인문계·사회계에서보다는 그래도 사회적·도덕적 관례나 금제가 덜 작용하는 탓도 있을 것이다. 각 영역에서 창의자의 출현을 바란다면, 이 점에서도 연장제는 불리하다.

특히 각종 '분파分派 의식'이 드세게 작용하는 문화영역은 창의력 산출의 불모지로 전락한다. 어느 학교, 어느 대학 출신이냐를 묻는 학벌의식, 어느 지방 출신이냐를 가르는 향리의식, 어느 주장에 찬동하느냐를 따지는 학파의식, 연령층을 구별한 세대의식, 어느 정치 이념이냐로 갈라지는 정파의식 등이 치열한 정신풍토에서는 혹 어떤 창의적인 착상이 싹트는 경우가 있다 해도 분파 간의 부당한 무시·질시·멸시에 의해서 매장되고 만다. 창의적인 아이디어는 많은 경우 다양한 그리고 상반되는 생각들의 종합 내지 융합에서 발생한다. 그런 종합·융합을 찾으려는 마음의 여유가 없는 영역에서는 창의는 발생하지 못한다.

여기에서 우리는 이런 분파의식을 극복할 수 있는 한 제안으로서, 철학자 헤겔의 유명한 정·반·합의 변증론을 반추해 볼 만하다. 그는 세계사는 한 주장의 사상正과 그게 아니라는 반대 주장의 사상反의 갈등 내지 모순을 지양하는 어떤 종합合을 이루는 과정의 역사라고 보았다. 세계사만 아니라 세상사 모든 문제의 사회적 해결과정도 그런 정·반·합을 따른다고 했다. 나아가 개인이 문제를 해결하는 사고과정 자체가 '이것일까正, 이게 아니고 저것일까反, 그것도 아니면 또 다른 저기 저것일까合' 하는 정·반·합의 계속적인 자문자답의 과정이라고 했다.

나는 부처도 공자도 아리스토텔레스도 지극한 덕이라고 강조하는 중용中庸, mean의 사상은 헤겔의 변증법과 일맥상통한다고 생각한다. 중용은 두 대립하는 욕망이나 주장의 중간점을 택해야 한다는 뜻이 아니라, '현실상황에 가장 잘 맞는 길'을 신중히 고려해서 정해야 한다는 뜻이다. '중'은 가운데라는 뜻이 아니라 '적중'하다는 말처럼 '맞힌다'는 뜻이다. 아리스토텔레스가 든 예가 있다. 누구나 남에게 돈을 줄 수는 있다. 그러나 그 돈을 올바른 사람에게 올바른 경우에 올바른 액수로 주어야 현실의 사정에 가장 적합한지는 숙고해야 할 필요가 있다. 아니면 그 돈이 부정한 뇌물이 될 수도 있고 불량한 낭비가 될 수 있다. 그 숙고는 '이거냐, 저거냐'를 종합하는 변증론적 사고다.

많은 문제의 해답 그리고 창의적 아이디어도 그런 정·반·합의 과정에서 발생하는 것이라면, 한국사회의 정치·경제·사회·문화의 여러 영역에서 고질적으로 작용하고 있는 각종 분파의식은 어떻게든 기필코 지양되어야 한다.

8. 자유로운 사회문화

한 민족국가엔 그 긴 역사에서 길러지고 축적되고 변천해 온 그 나름의 문화가 있다. 갖가지 도구와 지식과 기술, 제도와 조직, 통념과 신앙과 가치관 등이 그 내용이다. 이런 사회문화는 앞에서 논의한 개인의 성격 형성에도 큰 영향을 주고, 가정 · 학교 · 직장의 문화도 크게 지배하며, 여러 문화영역의 성숙 여하도 크게 좌우한다.

1985년엔가 캐나다 에드먼드 시의 박물관을 구경하러 들렀는데, 거기 캐나다 인디언의 생활문화 전시실 한 모퉁이에 우리 것과 똑같은 윷가락 네 개가 전시되어 있었다. 순간 나는 무슨 역사의 유령을 보는 것 같아서 가벼운 전율마저 느꼈다. 우리와 같은 몽골족인 그들은 수만 년 전 우리 조상들과 같이 우랄알타이 산맥을 넘어 동진하다가 당시 육지였을 베링해협을 지나 캐나다에 정착했을 텐데, 그때 윷놀이 풍습도 가지고 간 것이 분명했다. 지금 우리가 설날이면

던지고 노는 윷가락에는 수만 년 전의 역사가 스며 있는 셈이다.

윷만 아니라 정신적 작용 속에도 수만 년의 역사를 거쳐 온 정신 작용이 오늘 우리의 무의식에 깃들어 있으며 은연중 지금도 우리 행동에 영향을 주고 있다는 것이 앞에서 언급한 융의 '집단무의식' 이론이다. 우리 한민족은 아마도 6~7만 년 전 알타이산맥을 넘어 수만 년에 걸쳐 시베리아 벌판을 동진하면서 바이칼 호 근처에서 진로를 동남쪽으로 꺾어 만주와 조선반도에 정착하고 고조선·삼국시대·신라·고려·조선의 각 시대를 겪었다. 그 각 시대의 정신적 구조가 우리 정신구조의 저변에 깔려 있는 셈이다.

쉽게 말하면 오늘 우리의 사고와 행동은, 우리의 관심인 창의적 사고력도 포함해서, 지난 한국사가 형성한 사회문화의 맥락 속에서 진행되고 있다는 것이다. 그리고 그 사회문화는 앞서 논의한 개인·현장·영역의 창의적 특성 여부에도 심각한 영향을 던진다.

나는 한국문화의 정신적 구조를 다음과 같이 단순하고 간결하게 요약해 본다. 즉, ① 한국문화의 정신적 기저엔 기복祈福사상의 중핵인 무속신앙이 흐르고 있고, ② 그 위에 유교문화가 두터운 기층을 이루고 있으며, ③ 긴 세월의 불교문화와 근대의 기독교문화의 영향은 작용하고 있으나 한국문화의 주류를 이루지는 못했을 뿐더러, 그 중핵사상인 '자비'와 '사랑'은 희미해지고 무교적 '기복'신앙으로 변질한 감이 짙고, ④ 해방 후 70년 온갖 서구사상의 유입과 더불어 자유민주주의가 국시로 천명되었으나, 아직은 성숙 단계에는 이르지 못하고 있다고 좀 거칠게 요약해 본다. 그리고 이런 정신문화적 상황은 창의력의 함양과 발현을 위해서 그리 유리한 상황이 아니며, 깊은 성찰과 재지향이 필요하다는 것이 여기 논의의 요점이다.

한국문화는 중국 유교의 영향을 긴 세월 깊게 받았다. 중국은 주변 지역보다 한발 앞서 농경으로 정착해서 비교적 부강했고 먼저 문자를 발명해서 역사적 경험을 더 풍부하고 효과적으로 축적·전승할 수 있어서 문화적으로도 당시에는 '선진국가'였다. 조선은 바로 그런 중국에 인접한 나라였기 때문에 군사적으로도 많은 괴로움을 당했을 뿐만 아니라 그 유교문화를 깊게 받아들일 수밖에 없었다.

나는 공자로 대표되는 유교사상의 핵심은 '인仁'이라고 믿는다. '인'은 '자비'와 '사랑'과 같이 사람들이 서로를 위해야 한다는 '수평적' 덕목이다. 그러나 언제부터인지 '유교'하면 우선 '삼강오륜'의 교리로 해석하는 풍조가 일었다. 알다시피 삼강오륜의 '군신·부자·부부·장유'는 주종主從을 강조하는 '수직적' 윤리이고, '붕우'만이 예외다. 수직적·종적 윤리는 문자 그대로는 강자의 윤리, 지배자의 윤리, 권위의 윤리다. 권위에의 복종을 주조로 하는 각종 권위주의적 풍토에서는 권위의 구미에 맞지 않는 창의적 아이디어는 솟아나기 어렵다는 것은 너무나 명백하다.

나는, 공자 자신은 '인'을 중핵사상으로 삼았는데, 주변 내지 후대의 이류 유가들이 군왕들의 구미에 맞게 삼강오륜 등 수직윤리를 지나치게 드러낸 것이 아닌가 하는 생각도 해 본다. 더구나 그런 수직윤리의 유교에 통달하는 것이 입신출세의 관문이었던 '과거제도'를 한漢나라 때부터 제도화한 것이 권위주의적 문화를 더욱 공고히 했다. 게다가 언제부턴가 정통윤리에 어긋나는 모든 주장은 다 '이단

사설' '사문난적'이라고 여기는 관례까지 만연되어 주자학朱子學에 이르러서는 유교의 배타성은 고질화되었다. 거기에 더해서 중국은 한때의 문화적 우월성에 도취해서 19세기 중반까지도 자신은 천하 중심인 '중화'고 주변은 다 오랑캐라는 환상에 젖어 세계사의 운행에 어두워지면서 '아편전쟁'으로 시작된 '치욕의 백 년'을 겪었다. 그것이 고대엔 나침판·폭약·종이·활판인쇄·농경기술의 발명 등 찬란한 창의·창조력을 꽃피우던 중국이 그 후 근 2,000년 동안 세계 문화사에 하등의 창의적 공헌이 없는 나라로 전락한 원인이었다.

문제는 조선이 거의 모든 시대에 걸쳐 그런 유교문화를 너무 닮으려 했고 닮지 않을 수도 없었다는 데에 있다. 그것이 창의력의 불모지를 빚어낸 것은 둘째 치고, '치욕의 36년'의 원인이기도 했다. 이러한 나의 유교 논평이 너무 극단적일지도 모른다. 하지만 **나의 뜻은 유교의 '인'으로 시작하는 사단四端의 '인·의·지·신'의 수평윤리는 높이 현양하고, 삼강오륜이 풍기는 권위주의는 지양하려는 성찰이 있어야 한다**는 점이다.

이와 대조적으로 현대 미국문화를 살펴보자. 19세기 말까지도 유럽이 문화적 미개국으로 여겼던 미국이 20세기 특히 그 후반부터 거의 모든 문화영역에 걸쳐 왕성한 창의력으로 최첨단의 선진국으로 변신했다. 그 예를 열거할 필요도 없이 전등·자동차·비행기·텔레비전·컴퓨터·DNA·디지털공학·애플·구글 등 거의 모든 근래의 창의·창조가 미국에 집중되어 있다. 무엇이 미국의 이런 거대한 세기적인 변신의 원동력이었을까? 나는 그 원인을 주로 미국사회의 '**다양성**'과 '**자유민주주의**'에서 찾는다.

미국은 어느 도시에 가 보나 다 인종전람회 같다. 백인 · 흑인 · 황색인 · 갈색인 등 별별 모양의 얼굴 · 피부색 · 머리색의 사람들을 만나게 된다. 같은 백인도 유럽의 여러 나라에서 와 있고, 같은 황색인도 아시아의 많은 나라에서 와 있다. 아마도 세계 200여 개의 나라에서 그 나라 태생 국민의 상당수가 미국에 이민했거나 미국에서 일하거나 또는 공부하러 가 있는 사람이 없는 나라는 드물 것이다.

그런 다양한 인종의 집합은 동시에 다양한 경험 · 지식 · 기술 · 이론 · 사상의 집합이기도 하다. 그런 다양한 집합은 창의 · 창조의 풍요한 터전을 마련해 준다. 미국 대학의 교수도 학생도 다인종의 집합이고 거의 모든 기업체도 그렇다. 특히 디지털공학의 메카인 실리콘 밸리는 인도인 · 중국인 · 백인들의 집합으로 유명하다. 누군가는 중국의 음양사상이 0과 1로 진행하는 디지털 프로세스를 쉽게 했다고 했다. 앞에서 인용했듯이, 스티브 잡스의 '달리 생각해 보라'는 좌우명은 다양의 집합소에서 쉽게 실현할 수 있을 것이 명백하다.

이런 관점에서는 '단일민족'은 자랑도 아니고 장점도 아니다. 그것은 도리어 창의의 불모지다. 매한가지로, 대학이나 기업체 등에서 한 대학의 졸업생만 집중되어 있는 기관은 창의력의 견지에서는 문제다. 다양성은 개방성을 전제로 한다. 동창 · 동향 · 동색 · 동형의 '복제인간'들만 모여 있는 집단에서는 창의력이 산출되기 어렵다.

이런 다양성은 미국의 건국이념인 자유민주주의의 당연한 결과다. 미국의 건국은 유럽 여러 나라의 정치적·종교적 박해가 역겨워서 신대륙에 자유를 찾아간 사람들이 주축이 되었고, 자기들 스스로 합의해서 제정한 법 이외에는 이래라 저래라 하는 아무 특권계급도 권력자도 없는 자유민주주의 국가를 건립했다. 그들이 이른바 '건국의 아버지'들이었다. 후일엔 여러 나라의 투기꾼이나 실업자나 범죄자도 이민해 갔지만, 그들은 다 법치 자유민주주의 이념에 승복해야 했다. 그 자유민주주의 이념이 창의력의 원천이 되었다. 가끔 독재국가에서도 어떤 영역에서 창의자가 출현하는 경우가 있다. 그러나 그것은 다른 영역에서는 자유를 박탈하지만, 그 영역에서만은 자유를 주는 경우다. 아니면 압제를 거스를 만큼 강인한 반골기질을 가진 창의자의 경우다.

자유민주주의는 무엇보다도 정치적·사회적 박해에서 벗어나려는 종교의 자유, 언론의 자유, 결사의 자유 등 정신적 자유를 기치로 했다. 그렇게 제정된 정신적 자유를 중심으로 한 자유민주주의가 후일에 아마도 '건국의 아버지'인 자신들도 기대하지 못했던 '부산물'을 낳았는데, 그것이 바로 미국 사회의 창의·창조력의 분출이었다.

자유민주주의는 앞에서 논의한 창의자들의 성격적 특징들을 활짝 펼칠 수 있게 했다. 호기심의 자유, 회의·질문·반론의 자유, 탐색·실험·모험의 자유 등 '부동의의 자유'로 총칭할 수 있는 자유는 창의·창조 분출의 필수요건이기 때문이다. 권위주의하에서는 '악덕'일 수 있는 이런 부동의의 자유라는 기질은 자유의 세계에서는 발전의 계기를 제공하는 '미덕'이 되었다. 단, 앞에서도 말했듯이 그들의 부동의의 자유는 정신적인 자유일 뿐, 법까지 위반하는 행동적 반항을 뜻하지는 않는다. 한국의 정신문화가 개방적인 다양성과 정신적 부동의의 자유를 포용하고 장려하기 위해서는 아직도 깊은 자기성찰이 필요하다.

자유민주주의는 자연 '평등'사상을 내포한다. 나의 자유를 주장하려면 남의 자유도 인정해야 하기 때문이다. 자유와 평등은 특히 경제문제에서는 대립관계에 있을 때도 있지만, 둘 다 인권 존중이라는 같은 뿌리에서 자란 두 가지다. 정신적 자유에서는 상사도 하사도 동등하다는 의식이 있어야 창의의 자유도 가능하다. 이스라엘의 유태교 교리를 담은 『탈무드』에 이런 이야기가 있었던 것으로 기억한다. 한 동네에서 어른들이 어떤 문제를 상의하고 있는데, 옆에 앉아 있는 한 소년이 '나는 이렇게 생각합니다'라고 참견했다. 어른들이 '어린 게 뭘 안다고 참견이냐'라고 면박을 주자, 그 소년은 맹랑한 대답을 했다. '하느님이 사람에게 사리를 생각하는 이성을 주었다면 어른에게만 아니라 내게도 이성을 주었을 텐데, 그렇다면 내 얘기에도 들을 만한 것이 있을 게 아닙니까!' 하느님 앞에서는 모든 인간이 동등하다는 유대·기독교의 교리다. 유태인 중에서 인구 비례에 맞지 않게 많은 창의적인 인물이 출현하는 데에는 그런 까닭도 있다.

이상에서 우리는 창의력 발현의 네 요인을 고찰했다. 그 요약은 **창의력의 배양에는 창의 후보자의 개인적 자질도 있어야 하지만, 그것을 길러 주고 꽃피우게 하는 직접적 생활환경인 가정·학교·직장 등 '현장'과 간접적으로 그를 에워싸고 있는 각 문화'영역' 그리고**

사회전반에 흐르는 정신풍토인 '문화'가 더 결정적인 요인이라는 결론이다. 그것은 동시에 의도적으로 창의력을 배양하려는 어떤 훈련·교육방법보다는 현장·영역·문화의 정신적인 풍토를 창의력 출현에 적합하게 조성하려는 노력이 선행해야 한다는 것을 뜻한다.

이런 정신적 분위기는 주로 각계각층의 '지도자'의 행위 여하가 결정한다. 그런 지도자는 가정·학교·직장에서는 부모·교사·간부들이고, 각 문화영역에서는 선배·고참들이고, 사회문화에서는 정관계·재계·문화계의 지도자들이다. 따라서 우리 사회의 창의력 신장의 문제는 결국 한국 각계의 지도층 행태 여하의 문제로 귀결되는 셈이다. 그들의 행위·행태가 창의적 의욕을 장려하느냐 아니면 압살하느냐에 달린 문제라는 점을 여기에 다시 강조한다.

지금까지의 요약 겸, 부모나 교사 또는 직장의 간부가 아이·학생·직원의 창의를 부추길 수 있는 언행의 예를 몇 가지 들면 다음과 같다.

- 호기심을 자극하라. 당연한 일도 '왜 그럴까?' '왜 그래야 할까?' 자주 스스로 묻는 기질을 길르라.
- 하고 싶어 하는 일은 웬만하면 다 할 수 있게 허용하라.
- 좀 어려운 일이라도 스스로 해낼 수 있다는 자신감을 일깨워 주어라. 그것이 성취동기를 길러 준다.
- 고의가 아닌 실패·실수를 꾸짖거나 벌하지 말고, 스스로 그 원인을 분석하고 교정함으로써 다음의 성취를 위한 자산으로

여기게 하라.

- 질문을 막지 마라. 궁금한 것은 무엇이든 마음 놓고 질문할 수 있게 하라.
- 엉뚱한 의견이나 반대 의견을 말하더라도 일갈에 부치지 말고 일단 들어 주고 나서 차분히 토의하라.
- 어떤 제안을 하면 성급히 그 정당성·부당성을 판정하지 말고 같이 숙의하라.
- 일상생활에서 하는 일, 공부하는 일, 직장에서 하는 일 이외에 소풍·여행·영화·전람회·강연 등 색다른 다양한 경험을 할 수 있는 기회를 마련해 주라.
- 여러 사회활동의 현장, 예컨대 시장·공장·작업장·농사활동의 현장을 관찰·견학할 기회를 마련하라.
- 가정·학교·직장 내의 상하 위계질서를 너무 강조하지 마라.
- 보람 있고 흥미 있는 일을 찾아 침식을 잊을 정도로 열중할 수 있는 기회를 마련해 주라.
- 하는 일을 잠시 잊고 한가한 공상을 즐길 수 있는 시간을 자주 마련해 주라. 특히 직장에서는 점심시간 이외에도 오전·오후에 그럴 수 있는 시간을 때때로 가지는 것이 바람직하다.

이 예들은 앞서 논의한 창의적 인물의 성격과 활동에서 당연히 추론되는 몇 가지 예일 뿐이다.

9. 창의, 좋은 것?

지금까지 우리의 논의는 창의력·창조력은 좋은 것, 바람직한 것, 긴요한 것이라는 것을 전제로 했다. 이 책의 의도 자체가 그렇다. 창의·창조가 인간 지성의 절정이고 인간 문화사의 원동력이었다는 점에서는 그 전제는 옳다. 그러나 이제 한 발짝 물러서서 창의·창조력이 과연 좋기만 한 것인가, 그리고 창의자들은 희열에 찬 행복한 사람들이기만 한 것인가를 살펴볼 필요가 있다. 그것이 창의·창조의 '역학'에 대한 우리의 이해에 깊이를 더해 줄 것이기 때문이다.

앞에서도 말했듯이 창의·창조엔 여러 수준이 있다. 좀 신기하고 재미도 있지만 별 뜻이 없는 시시한 것도 있고, 상당히 희한하고 재미와 쓸모도 있고 크고 작은 돈벌이도 되는 것도 있으며, 아주 놀랍게 희한하고 경천동지할 깊은 때로는 '무서운' 뜻을 내포하는 창의·창조도 있다. 재치 있는 유머나 작은 문제의 해결에 관한 산뜻한 창안 등은 그 첫째 수준이고, 흔히 기업들이 바라는 돈벌이가 될 창의는 둘째 수준이며, 코페르니쿠스의 지동설, 뉴턴의 역학, 다윈의 진화론, 와트의 증기기관, 아인슈타인의 상대성이론 등은 크나큰 뜻을 지닌 셋째 수준의 창조다.

문제는 우선 큰 뜻을 지니는 창의 · 창조일수록 좋게건 나쁘게건 사회적 반향이 크다는 데 있다. 모든 사회는 생동적인 변화도 바라지만, 평온한 안정도 바라는 속성이 있다. 혹 변화가 너무 커서 안정이 심히 흔들리면 사회는 혼돈과 불안을 겪고 특히 기존의 권력체제는 그것에 반동한다. 옛 중국의 진시황은 자신의 체제를 가타부타 떠드는 유가들의 책을 태우고 그들을 산 채로 파묻은 '분서갱유'를 벌였고, 지동설을 찬성한 부르노는 종교재판으로 화형을 당했으며, 갈릴레오는 죽음은 면했지만 교회의 파문을 당했다. 육체노동을 대치하는 증기기관의 발명이 촉발한 산업혁명은 수공업자들을 실업으로 몰아내서 기계공업에 반대하는 폭동적인 '러다이트 운동'을 자극했다. 보다 가공하게는 마르크스K. K. Marx의 『자본론』과 『공산당 선언』은 사회주의를 무산계급의 독재와 결부하면서 여러 나라에 피비린내 나는 혁명을 자극해서 수억의 생명을 앗았다.

더 넓게 심각하게는, 잇따른 과학기술의 창의적 발달은 지구에 갖가지 환경오염과 생태계 파손을 초래했다. 무섭게 발전하는 창의적 디지털 산업이 이루어 내는 '인공지능'의 발달은 '제2의 산업혁명'으로 여러 정신노동마저 대치하면서 대량의 실업군을 양산하리라고 걱정하는 논자도 있고, 유전공학과 신경과학의 창의적 발전은 인간적 존재의 본질마저 위협할 것이라는 경고도 있다.

이런 상황은 창의력 발현을 원하는 사회에 몇 가지 충고를 던진다. 첫째, 앞에서 거론한 바와 같이 창의의 정신풍토 조성에 노력을 경주해야 하며, 둘째, 그런 창의의 풍토엔 기존체제를 위협하는 창의 돌출의 가능성도 있다는 것을 각오해야 하고, 셋째, 창의적 아이디어를 어떤 이득을 위해 실제에 응용할 때에는 그것에 따르는 여러 '부작용'에 대한 대책을 심사숙고해야 한다.

또 하나 생각해야 할 것은 창의자들이 과연 창의의 희열에 젖고 영예를 누리는 '행복한' 사람이기만 할 것인가 하는 문제다. 철학자 러셀이 유명한 바이올리니스트 하이페츠의 신들린 연주에 깊은 감동을 받고 나서 다음과 같은 요지의 편지를 하이페츠에게 써 보냈다.

"오늘 연주에 깊은 감동을 받았소. 다만 한 가지 충고를 하고 싶은데, 그것은 하루 한 번쯤은 자기 전에 아주 서투른 연주를 하기를 제안하오. 왜냐하면 언제나 그렇게 입신의 경지와 같은 완벽한 연주를 하면 신의 질투와 노여움을 사서 당신에게 어떤 불행이 닥쳐올까 봐 걱정이 되기 때문이오."

러셀의 이 말은 약간 익살스럽기는 하지만, 많은 뜻을 함축한다. 조물주인 신은 창조자creator고 인간은 그의 피조물creature이다. 그 피조물인 인간이 전지전능한 신의 비밀을 '훔쳐내고' 신과 비슷한 완벽한 창의적 존재가 되려는 것은 말하자면 신의 영역을 침범하는 일이다. 따라서 창조행위는 신의 노여움을 살 수 있다는 생각이다. 희랍신화에서 프로메테우스는 신의 나라에서 인간에게 이로운 온갖 비밀, 예컨대 불 만드는 방법, 농사짓는 방법 등을 훔쳐내서 인간에게 알려 주고 가져다주는 신이다. 인간 입장에서 보면 창의 · 창조자다. 그런 프로메테우스를 노엽게 여긴 주신 제우스는 그를 코카서스산 위에 사슬로 묶어 놓고 매일 독수리가 날아와서 그의 간을 파먹게 하는 벌을 내렸다.

기실 세속적인 눈으로 보면 창의 · 창조자의 생활은 고행 · 고난의 길이다. 창의적 성취에 따르는 짜릿한 희열, '알아냈다, 해냈다!'라는 '유레카!'의 기쁨 이외의 다른 세속적인 즐거움과 행복은 잊어야 하는 삶이다. 우선 거의 고행에 가까운 집중적인 연수 · 연찬의 긴 세월은 여느 사람들은 견디기 어려운 세월이다. 더구나 어떤 문제의 해결을 위한 집중적인 연구의 기간에는 침식의 욕구마저 잊을 뿐만 아니라 즐거운 인간관계의 욕구, 때로는 성욕마저 잊기도 한다. 인도의 수도자들이 깨달음의 득도를 위해 일부러 고행을 택하는 것도 이와 무관하지 않다. 석가모니도 그런 고행자의 한 분이었다.

괴테의 거작 『파우스트』에서, 파우스트는 악마인 메피스토펠레스에게 자기의 영혼을 팔 테니 대신 내게 활기찬 젊음과 신통한 지력을 달라고 흥정한다. 이른바 유명한 '파우스트의 계약'이다. 세속적인 행복과 희열은 다 버릴 테니 자기가 이루고자 하는 일을 완수하기에 필요한 젊음의 활력과 모든 것을 꿰뚫어 볼 수 있는 신통한 지력을 달라는 흥정이다. 그런 고행을 자청하는 심정에는 어쩌면 신에게 '내가 이렇게 고행의 길을 걷고 있으니 내가 창의·창조하는 것에 대한 노여움을 거두어 달라'는 무의식적인 애원이 작용하고 있을지도 모른다.

뿐만 아니라 창의의 인물은 그 창의 때문에 많은 박해와 불행 또는 죽음까지도 겪는다. 앞에서 언급한 부르노와 갈릴레오의 경우가 그 예다. 진화론의 다윈은 '인간은 원숭이 자손'이라는 그의 이론 때문에 온갖 욕설을 받으면서 거의 일종의 사회적 추방 상태에서 쓸쓸히 여생을 보냈다. 정신분석학의 프로이트도 성욕이 인간행동을 크게 결정한다는 그의 '성심리 이론'을 오스트리아 의사회에서 발표하자 청교도적인 교리에 젖어 있던 당시의 의사집단인 청중으로부터 호된 매도를 당했다.

창의적 거장들 중에는 당대에 사회적 인정과 영예 또는 부를 누린 사람도 많다. 뉴턴이나 아인슈타인이 대표적인 예다. 하지만 아인슈타인 자신이 술회했듯이, 그들은 인간관계에서는 고독했다. 그런 고독의 시간이 많았던 것이 창의적 아이디어의 산출에 유리했을 수도 있다. 하지만 생존한 당대엔 '뜨지' 못했던 창의자들도 많다. 모차르트도 당대에는 큰 인정을 받지 못하고 가난에 시달렸다. 화가 고흐도 뭉크도 당대엔 크게 뜨지 못했다.

또 하나 주목할 만한 것은, 특히 문학·예술의 영역에서는 통칭 정신병자와 자살자가 많다는 사실이다. 화가 고흐도 철학자 니체도 만년에 정신병이 농후했다. 미국의 문필가 헤밍웨이, 영국의 버지니아 울프, 노벨문학상을 받았던 일본의 가와바다는 자살로 생을 끝냈다. 한국의 시인 김소월도 그랬다. 앞에서도 말했듯이, 창의자들은 감수성이 특히 예민하다. 그들은 인간사회에서의 갖가지 허위와 위선, 모순과 갈등, 비리와 비정 등을 남달리 예민하고 따갑게 감지한다. 그런 갖가지 갈등에 대한 감수성은 이미 그들 생시의 작품 속에도 드러나 있다. 하지만 그런 갈등은 객관적으로만 아니라 주관적으로 깊이 내면화하면 '미칠' 수도 있고, 자살까지도 이어질 수 있다. 많은 창의자는 상식·상례와는 다른 생각을 하기 때문에, 때로는 다른 사람에게 기이한 '미친' 사람으로 보이기도 한다. 그러나 창의자 자신의 눈으로 보면, 자기가 미친 것이 아니라 이 세상이 미쳐 있는 것인지도 모른다.

창의자들의 이 같은 고행의 삶에 관한 사실은 창의를 바라는 사회에 몇 가지 충고를 던진다.

첫째, 앞서 논의한 현장과 영역 그리고 사회문화 전반에서 창의적 정신풍토를 조성하는 것은 그 자체가 창의자들의 내면적 고뇌를 덜어 줄 수 있다는 점이다. 각종 압제가 심한 분위기에서는 창의가 솟아나기도 어렵지만, 어쩌다 솟아나려 해도 그의 내면적 갈등으로 위축되고 정신병이나 자살로 이어질 수도 있기 때문이다.

둘째, 창의 후보자의 고행의 생활에는 적정한 경제적, 사회적, 심리적인 지원이 그 고통을 조금은 덜어 줄 수 있다. 어디에서 누가 그런 지원을 해야 하는지는 따로 생각해야 할 문제다.

셋째, 창의적인 업적은 적시에 사회적 인정을 받고 영예도 수반되어야 한다. 최근 신문에도 카이스트KAIST의 로봇 연구팀이 국제로봇경연에서 최강자로 부상했다는 소식이 있었는데, 그 팀을 주도한 연구자나 팀 참여자의 이름도 널리 알려 그들에게 개인적 인정과 영예를 주었으면 하는 아쉬움이 있었다. 창의적 인물은 충분한 사회적인 후원과 인정을 받을 수 있어야 한다. 그것이 그들의 고행과 고뇌를 크게 덜어 줄 수 있기 때문이다.

넷째, 창의적 아이디어를 사회적으로 실용화할 때에는, 앞에서 예를 들었듯이, 그것이 몰고 올 여러 부작용에 대해 심사숙고해야 한다. 문제는 내일을 내다보아야 하는 그런 심사숙고가 그리 쉽지 않다는 데에 있다.

제2부 공의식의 선양

    이제 우리는 선진국의 둘째 조건인 성숙된 공의식公意識을 논의해야겠다. 여기에서 공의식이라는 용어에 나는 통상 쓰이는 많은 개념을 담는다. 예컨대, 감정이입·공감·동정 등 원활한 인간관계, 가족애·애향심·애국심·인류애 등 각종 공동체의식, 각종 사회집단의 사정에 대한 사회적 감수성·사명감·책임감, 사회생활에서의 협동심·사회신뢰 등을 넓게 함축한다. 이 모두에 공통되는 공의식의 핵심 개념은 '남 생각'이다.

    공의식은 인간의 정서적 감수성과 도덕적 의지를 종합하는 정의적情意的 개념으로서, 공의식 함양은 필연 도덕성 함양교육의 문제와 맥을 같이한다. 공의식의 근본은 '나'만이 아닌 '우리'와 '남'을 배려한 도덕적 심성이기 때문이다.

10. 넓은 정신윤곽

언젠가 한 한학자가 한자의 公과 私의 뜻을 풀이한 것이 그럴 듯
했다. 厶사라는 자체가 '나'라는 뜻인데, 그것은 사람이 팔을 들어 꺾
어서 자기 얼굴을 가리키는 모양에서 유래했고, 禾화는 곡식이라는
뜻이다. 따라서 私는 '내가 먹을 내 것'이라는 뜻이다. 그리고 公 위
의 八은 入처럼 厶를 꽉 덮고 누르고 있지는 않고 위가 열려 있어 길
이 터 있다. 즉, 내 욕심 厶을 추구하되, 그것을 주변의 사정을 배려
하면서 공정한 길을 통해서 추구해야 한다는 모양이다. 厶 위의 八
은 주변 사정과 터 있는 길을 뜻한다는 풀이다.

공과 사는 각기 집단과 개체를 뜻한다. 따라서 공의식公意識**은 집
단의식, 사의식**私意識**은 개체의식이라고 부를 수도 있다.** 공의식도
사의식도 둘 다 생존에는 필수조건이다. 사자나 호랑이 같은 맹수는

근력이 강해서 혼자서도 살아갈 수 있기 때문에 별로 군거群居도 하지 않고 본능적인 집단의식도 약하다. 하지만 사자도 짝짓기를 해야 하고 새끼도 길러야 하고 가끔은 두셋이 무리를 지어 먹이를 공격해야 하기 때문에 그만큼은 '남에 대한 배려'가 있어야 한다. 반대로 개미나 벌 같은 왜소한 약자들은 본능적인 개체의식보다는 집단의식이 무척 강하다. 그래야 종種도 개체도 생존 · 존속이 가능하기 때문이다.

인간의 경우는 공의식 · 집단의식도 필연 · 필수이지만, 동시에 사의식 · 개체의식도 필연 · 필수다. 문제는 집단과 개인이 자주 갈등관계에 든다는 점이다. 그런 갈등은 사회의 여러 사건으로 분출하기도 하고, 개인의 내면적인 심리에도 일어난다. 전제적 독재가 사람들의 개체의식을 압살하다가 혁명으로 뒤집어지는 경우도 있고, 미숙한 민주주의가 무질서한 이기주의 · 집단이기주의의 폭주로 혁명을 자초하는 경우도 있다. 그런 파탄은 국가의 경우뿐만 아니라 작은 조직체에도 일어날 수 있다.

집단과 개인은 상호의존의 관계도 있지만, 동시에 상호견제의 관계도 있어야 한다. 한 논자는 다음과 같은 요지의 주장을 했다. 즉, '개인은 언제나 집단을 경계하고 집단과 싸워야 한다. 집단에는 개인을 매몰하려는 힘이 내재하고 있기 때문이다.' 지당한 말이다. 신학 · 철학자 니부어R. Niebuhr가 그의 저서 『도덕적인 인간과 비도덕적인 사회』에서, 그 책 제목대로, 인간 개인은 도덕적이라도 그들이 모여 이루는 집단은 집단의 이름으로 잔혹한 비도덕적 행위를 자행하는 경우가 많다고 경고했다. 이 경고도 여기에 참고할 만하다. 제

2차 세계대전 때 독일이 나치의 이름으로 수백만의 유태인을 학살한 사건, 또 일본군 731부대가 황국의 이름으로 인간에게 흰쥐처럼 잔인한 생체실험을 저지른 것이 대표적인 예다.

그러나 집단을 경계해야 한다는 이런 주장은 '집단은 개인들의 지나친 사적 욕망의 분출을 경계하고 제어할 수 있어야 한다'는 주장과 균형을 이루어야 한다. 철학자 홉스T. Hobbs는 그의 저서『리바이어던』에서 인간은 근본적으로 사나운 욕망의 존재이기 때문에 괴물과도 같은 강력한 정부가 필요하다고 했다. 나는 그 적정한 균형을 잡을 수 있는 길이 국민의 성숙되고 개명된 공의식이라고 주장한다.

집단의식이 지나치면 전체적 집단주의를 낳기 쉽고, 개체의식이 너무 강하면 방자한 이기주의 내지 집단이기주의로 흐르기 쉽다. 그 균형을 잡을 수 있는 정신자세를 나는 공의식이 성숙한 '개인주의 individualism'라고 부르고 싶다. 개인주의를 흔히 이기주의와 혼동하지만 둘은 엄연히 다르다. 이기주의는 남과 사회의 이득에 관심도 책임감도 없이 자기 욕심만 채우려는 자세고, 개인주의는 자신만 아니라 사회적 복지 여하도 자신의 개인적 의무고 책임으로 여기는 정신자세다.

공의식은 나의 관심이 '나'를 넘어서 '남'들에 대한 관심으로 넓어진 **'정신적 윤곽'**을 의미한다. 그것은 마치 연못에 돌을 던지면 일어나는, 점점 넓게 퍼지는 동심원의 파문과 같다. 신생아의 정신세계는 완전히 자기만의 세계다. 좀 자라나도 그의 정신윤곽은 여전히 이른바 '자기중심주의'적인 세계다. 예컨대, 세 살 꼬마는 윷놀이 할 때 저는 상대방의 말을 잡아먹어도 상대방이 제 말을 잡아먹으면 심술을 부린다. 더 자라나면서 자기중심주의를 조금씩 벗어나면서 정신윤곽이 가족·동무·초등학교 등으로 넓어지지만 그래도 자기중심적 사고에서 크게 탈피하지는 못한다. 아마 어른이 되어도 자기중심주의를 완전히 졸업하기란 어렵다고 보아야 할 것이다.

그러나 아동기·청년기에 학교에 다니면서 그의 정신윤곽은 층층의 파문처럼 가족·친구집단·학교·향리 그리고 국가로 넓어져 간다. 그와 동시에 그렇게 넓어져 가는 집단의 문제를 '나의 문제'로 내면화하는 공동체의식, 사회적 감수성과 책임감도 발달해 간다. 한국사람의 경우, 그런 층층의 정신윤곽 중에서 제일 굵은 선으로 그어지는 정신윤곽은 '가족'을 둘러싼 윤곽일 것이다. 이에 비하면 한국이라는 나라를 에워싼 정신윤곽이 그만큼 굵은지는 좀 의심이 간다. 가족의 생일은 잘 챙기고 월드컵 경기에서 '대~한민국!'은 요란해도 국경일에 국기를 내거는 집은 아주 드물다. 이에 비하면 이스라엘 사람들은 가족의 정신윤곽보다 국가의 정신윤곽이 훨씬 더 굵다. 옛날식으로 말하면, 그들은 충忠의 윤곽이 효孝의 윤곽보다 훨씬 굵다는 생각이 든다. 층층의 동심원의 정신윤곽인 공의식은 그 사람의 사고와 행동을 스스로 규율하게 한다. 우리의 경우 가족을 넘어 더 넓게 공의식이 퍼져 가야 할 필요가 있다. 공의식은 그 윤곽 속의 사람들의 문제를 내 문제처럼 생각하는 의식이기 때문이다.

공의식을 형성하는 층층의 동심원인 정신적 윤곽은 그 반경이 점점 길어지면서 보다 넓은 집단을 포섭해 간다. 가족을 넘어 동무들로, 다시 향리나 가족을 넘고 직장을 넘어, 더 크게 나라로 넓어져 간다. 그렇게 정신윤곽이 넓어져 간다는 것이 먼저 길러진 지난날의 정신윤곽을 지워 버리게 된다는 뜻은 아니다. 지난날의 정신윤곽은 좀 옅어지기는 해도 그대로 남아 우리의 사고와 행동을 여전히 규율한다. 그것은 마치 돌 던진 연못의 파문이 층층으로 넓어져 가면서도 그 중심에서 여전히 파문이 일어나는 것과 같다.

아이들은 장성한 이후에는 부모의 보호에서 벗어나서 독립할 수 있어야 한다. 장성했는데도 어머니 치맛자락을 붙잡고 다닐 수는 없다. 하지만 부모에게서 독립한다는 것이 부모에 대한 사랑과 그리움마저 저버린다는 뜻은 아니다. 그 사랑과 그리움은 그대로 남아 더 간절해질 수도 있다.

현대의 세계화된 세상에서는 그 공의식이 다른 나라의 사정, 인류 전체에 대한 사정으로 넓어질 필요도 있다. 그렇다고 그것이 애국심을 버리는 처사는 아니다. 도리어 국가의 생존과 번영 자체를 위해서도 필요한 정신윤곽의 확대다. 나아가 어쩌면 시인 윤동주가 "모든 죽어 가는 것을 사랑해야지"라고 한 시구대로, 인류를 넘어 생물 전체에 대한 사랑으로까지 확대되어야 하는 것이 현대인의 공의식이라야 할지도 모른다.

11. 반가운 나라, 반갑지 않은 나라

나는 근 반 세기 전 1968년엔가 국제회의 관계로 아프리카의 한 나라의 수도에 가서 일주일간 머문 적이 있다. 그 나라는 당시 아프리카에서는 그래도 상당히 발전한 나라라고 듣고 갔다. 그러나 그 나라 사정은 기대와는 달랐다.

공항에 내려서 입국수속을 하는데, 그렇게 많지도 않은 승객인데 수속이 짜증이 날 정도로 느릿느릿해서 첫인상이 좋지 않았다. 세관에서 여행가방을 조사 받을 때, 여권을 보이고 나서 가방을 조사대에 올려놓느라고 잠깐 여권을 옆에 두었는데 조사를 받고나서 가방을 내리고 보니 어느새 내 여권이 없어졌다. 여권은 국제여행 중 꼭 지녀야 할 제일 소중한 것이다. "내 여권, 누가 가져갔느냐!"고 소리쳐도 주위에 있는 흑인들은 눈만 멀뚱멀뚱하고 아무 대꾸가 없었다. 얼마 동안 내가 법석을 떨었더니, 저쪽에서 어떤 녀석이 걸어와 "이게 네 여권이냐"고 말하면서 내 여권을 내밀었다. 어디서 얻었냐고 물었더니 그저 "저기서 주웠다"고 했다. 틀림없이 몇 놈이 짜고 한 짓일 텐데 더 법석 떨기도 귀찮아서 그저 받아 들고 가려고 했더니, 이 녀석이 손을 벌려 내민다. 찾아 주었으니 팁을 달라는 것이다. 울화를 참고 1불을 줬다.

가방을 들고 택시장으로 가려고 했더니, 어느새 또 한 녀석이 달려와서 가방을 택시까지 들어다 주고 나서 손을 내밀었다. 또 1불을 줬다. 택시 운전사는 가방을 싣고 호텔까지 가서 운임에 팁까지 얹어 주었는데, 가방을 내리고 나더니 또 손을 벌렸다. 가방을 싣고 내린 팁을 달라는 것이다. 또 1불을 줬다. 호텔 보이가 달려와서 가방을 숙박 수속대까지 날라다 주고 나서 이놈도 손을 벌렸다. 또 1불을 줬다. 수속이 끝나자 또 다른 녀석이 달려들더니, 방까지 가방을 갖다 주고 나서 손을 벌렸다. 또 1불을 주었다. 도합 다섯 번 5불을 뜯겼다. 5불이야 별 것 아니지만, 틈만 있으면 돈을 뜯어내려는 심사가 역겨웠다. 하지만 가난의 소치라고 체념해 버렸다. 한국도 그 옛날 몹시 가난했을 때에 그랬을지도 모른다는 생각도 들었다.

여러 가지를 파는 시장이 있다고 해서 회의에 참석한 서너 사람이 같이 구경 갔다. 미국에서 흑인을 많이 만났고 사귀기도 했지만, 온통 흑인뿐인 시장은 색다른 경험이었다. 결과는 우리가 시장을 구경하는 것이 아니라 우리가 그들에게 구경거리가 되었다. 그들은 그래도 백인을 자주 본 적이 있어서인지 우리 중 백인은 별로 신기하게 여기지 않았다. 그러나 황색의 동양인은 처음 보는지, 달려들어

나를 '구경'하려는 사람들이 많았다. 그중에는 제 얼굴을 20센티미터도 안되게 내 얼굴에 바짝 대고 흰 이빨을 드러내고 고약한 입 냄새까지 풍기면서 웃어대는 자도 있었다. 약간 섬뜩함마저 느끼면서 역겨웠다. 본래 문명사회에서는 별 특별한 경우가 아니면 두 사람이 대화하는 거리는 1미터 이상인 것이 보통이다. 침이 튀길 정도로 가까운 거리는 서로 실례다. 그들에겐 남 생각을 하는 도덕적 금제가 빈약해 보였다.

　호텔로 돌아오는 길에 흑단목을 깎아 만든 조각들을 파는 노점상이 있었다. 기념으로 하나 사려고 인물 조각을 하나를 골랐다. 얼마냐고 했더니 40불을 내라고 했다. 그 전에 회의의 한 동료가 여기에서 물건을 사려면 부르는 가격의 반 이상을 후려 깎아야 한다고 귀띔한 바 있기에, 나는 모질게 마음먹고 20불로 하자고 깎았다. 그는 고개를 설레설레 흔들면서 안 된다고 했다. 그렇다면 나도 생각 없다고 돌아서 가려 했는데 다시 부르면서 30불로 하자고 조르는 것을 계속 마다했더니 결국 20불에 팔았다. 호텔에 돌아와서 앞서 귀띔한 동료에게 반값으로 깎아 샀다고 자랑했더니, 그는 자기는 같은 것을 10불에 샀다고 내보였다. 에누리는 우리나라에서도 옛날에 많았으나 이렇게 심하지는 않았다. 그 나라는 무슨 특별한 일이 있기 전에는 다시 가고 싶지 않은 믿을 수 없는 나라였다. 이런 나라는 정치계·경제계의 지도층에서도 부정부패와 속임수가 득실거리며, 국가경영도 효능이 저조할 것이고, 국가발전도 지지부진하리라는 짐작을 아니 할 수가 없었다.

창의력과 공의식

1971년 여름에 학술회의 관계로 스웨덴의 소도시 그레나라는 곳에서 열흘을 보낸 적이 있다. 작은 동네라 큰 호텔이 없어서 회의장은 어떤 고등학교였고 식사는 주로 학교식당에서 해결했으며 숙소는 민박이었다. 한국에서 간 네 사람의 회의 참가자들이 민박한 집 주인 부부는 영어가 서툴러서 우리와 의사소통은 잘 되지 않았지만, 아주 친절하고 상냥하고 예의 바른 사람이어서 마음이 아주 편했다. 집은 안팎으로 깨끗하고 정돈되어 있었고, 우리 방도 매일 말끔히 청소하고 정리해 주었다.

　　가끔 길거리를 산책하다가 맞은편에서 걸어오는 사람을 만나면, 그 사람은 생판 모르는 내게 가벼운 미소를 띠면서 목례를 건넸다. 자연 나도 목례를 건네게 되면서 마음이 가볍고 즐거웠다. 스웨덴은 한국보다 북극에 더 가까운 나라라 회의 기간이었던 7월에는 오후 10시까지도 대낮처럼 환하고 밤은 너덧 시간 정도 짧았다. 그래도 어쩌다 밤거리를 거닐게 되면, 희미한 가로등 밑을 지날 때 만나는 사람 역시 손을 올려 흔들면서 말 없는 인사를 건넨다. 밤거리도 무척 안전하고 평화로웠다. 미국 유학 시절, 어두컴컴한 밤거리는 혼자 다니지 말라는 충고를 더러 받은 적이 있던 것과 대조적이었다.

　　동네에 체리 나무가 여기저기 많았다. 7월이 체리가 영그는 계절이라 체리가 주렁주렁 많이 달려 있었다. 여러 집에서 작은 목책담의 기둥에 체리를 듬뿍 담은 바구니를 달아 놓고, 스웨덴어와 영어로 "마음대로 덜어 가세요"라고 쓰인 팻말을 달아 놓았다. 그래서 나도 지나가다가 한 주먹씩 집어서 먹기도 했다. 스웨덴이 경제적으로 넉넉한 나라이기도 하지만, 사람들의 마음도 넉넉했다. 이런 나의 관찰과 감상이 그레나가 전원적인 소도시였기 때문이고, 수도인 스톡홀름과 같은 대도시에서는 사정이 다를지도 모르지만, 사람들 마음의 넉넉함에는 큰 차이가 없으리라는 생각도 들었다.

후일에 듣고 읽고 한 바에 따르면, 스웨덴은 사회민주주의 국가로 빈부격차도 크지 않고, 사람들이 서로 속이거나 감추지 않는 '사회적 투명성'과 '사회적 신뢰도'가 높아서 정·관·재계의 부정부패 사건도 아주 드문 나라라고 했다. 장관들이 자전거를 타고 출퇴근한다는 말도 들었다. 학교교사의 교육 수준이 세계 최상급이고, 학생의 학업성적도 국제비교에서 최상급에 든다. 물론 스웨덴도 각종 사회문제가 없는 나라는 아닐 것이다. 지상에 이상향은 없다. 그래도 스웨덴은 자주 찾아가고 싶은 나라였다.

세계의 여러 나라를 돌아다니다 보면, 다시 찾아가고 싶은 반가운 나라도 있고, 다시는 들릴 생각이 없는 역겨운 나라도 있다. 반가운 나라가 반드시 부자 나라는 아니다. 그보다는 사람들이 친절하고 예의바르고, 속이지도 않고 감추지도 않아 믿을 수 있으며, 부정부패나 범죄가 드물고, 과격한 시위 같은 폭력사태도 없고 뒷골목도 밤거리도 안전해서 마음이 편안한 나라다.

그런 반가운 사회는 사람들의 공의식이 높고, 따라서 국격도 높은 사회다. 한국을 방문하는 세계 여러 나라 사람들에게 한국이 얼마나 다시 오고 싶은 반가운 나라인지 아니면 다시 찾아올 생각이 없는 싫은 나라로 비치는지도 한국 사람들의 성숙된 공의식에 달려 있다. 외국인들이 한국을 방문해서 가지게 되는 한국관이 한국의 국가적 생존과 번영에도 영향을 줄 것은 명백하다. 뿐만 아니라 공의식의 성숙은 다음에 이어서 논의할 것처럼 한국이 어렵사리 이룩한 두 '기적'인 경제발전의 활력을 지속하고 더 높은 수준의 민주주의적 정치발전을 촉성하는 데에 필수조건이라는 것이 여기 논의의 주제다.

12. 신뢰와 투명성

경제적 행위는 근본적으로 도덕적 행위다. 모든 직업은 다른 사람들에게 어떤 '편익'을 제공해야 직업이고, 아니면 그것은 직업이 아니다. 의사는 환자에게 병의 치료라는 편익을 주기에 직업이고, 거리의 청소부도 행인들에게 깨끗하고 상쾌한 보행이라는 편익을 제공하기 때문에 당당한 직업이다. 이에 반해서 도둑이나 도박사는 그것으로 아무리 돈을 많이 벌어들여도 직업은 아니다. 남에게 편익을 주지 않고 도리어 손해만 주기 때문이다. 이력서 직업란에 직업을 '도둑' 또는 '도박사'라고 적어 넣을 사람은 없다. 그렇게 남에게 편익을 제공한다는 것은 원칙적으로 도덕적 행위다.

베버M. weber의 저서 『개신교 윤리와 자본주의 정신』은 자본주의 경제의 고전 중 하나다. 그는 자본주의의 정신에는 부지런히 일해야 한다는 '근면' 내지 '일의 윤리가 깔려 있다고 보았다. 그것은 하느님이 좋은 인간세계를 만들려고 6일에 걸쳐 이 세상을 창조하는 일을 수행했는데, 그 일을 이어 맡아서 인간에게 이로운 일을 계속 열심히 수행해 가는 것이 인간의 사명이라는 뜻을 담고 있다. 영어의 'calling'에는 '소명召命'이라는 뜻도 있고 '직업'이라는 뜻도 있다. 즉, 각자의 직업은 인간의 복지를 이루려는 하느님의 뜻을 계승하는 소명이라는 것이다. 그것은 직업이란 곧 사람들의 편익을 위한다는 도덕적인 행위라는 의미를 함축한다. 또한 자본주의 정신에는 그렇게 이룩한 부는 자기 개인의 행복을 위해서는 절약해서 최소한으로 소비하고, 남는 부는 재투자와 사회복지를 위해 사회에 환원해야 한다는 도덕의식도 포함되어 있다. 이 점은 후에 재론한다.

자본주의는 자급자족의 자영업체제가 아니고, 자산이 있는 자본가들과 그 자본에 의한 생산시설에서 일하는 근로자들의 합작으로 이루어지는 경제체제다. 따라서 자본가의 이득만 아니라 근로자들에게도 적정한 보수라는 편익이 제공되어야 하는 도덕적 의무도 수반한다. 19세기 영국의 원시 자본주의 시대에는 이 도덕적 의무를 소홀히 하고, 자본가가 근로자에게 소액의 보수로 하루 18시간 노동을 강요하는 등의 극심한 '착취'를 자행하는 비도덕적 행위를 일삼았다. 그것이 발단이 되어 사회주의의 반발이 일고, 사회주의가 급기야 과격한 독재와 연결된 공산주의로 이어지면서 세계사에 많은 비극을 낳기도 했다. 이제 현대 대부분의 나라가 그런 원시 자본주의에서 탈피하여 제 나름으로 자본주의와 사회주의를 적절히 혼합한 경제체제를 운영하고 있는 것은 경제의 도덕성을 더 넓게 강조한 결과라고 해야 한다. 다시 말해서 그 도덕성은 여기에서 말하는 공의식을 뜻한다.

　모든 거래는 서로 속이지 않을 것이라는 '상호신뢰'를 전제로 한다는 점에서도 경제행위는 도덕적 행위다. 상한 사과를 섞어서 판다는 의심이 드는 사과장수에게서 사과를 살 사람은 없다. 물건을 산다는 것은 품질을 믿고 그 물건을 만들어 낸 사람이 속임수가 없다는 것을 믿는 행위다. 상대적으로 사과장수도 손님이 돈은 안 내고 사과만 가지고 달아나지는 않을 것이라는 믿음, 받는 돈이 속임수의 위폐가 아닐 것이라는 믿음이 있기 때문에 선뜻 사과를 건넨다. 기실 하찮은 종잇조각인 5만 원짜리 지폐는 그만한 가치를 국가가 보증한다는 '신용장'이고, 그것을 발행한 국가를 믿는다는 상징물이다. 은행에 돈을 맡기는 것도 그래도 뜯기지 않고 축내지 않을 것이라는 믿음 때문이고, 카드 한 장으로 백만 원을 거래하는 것도 그 카드가 신용장이기 때문이다. 어떤 연유로 그런 상호신뢰가 무너지면 경제는 마비되고, 나라의 경제발전이란 꿈도 꾸지 못한다.

　미국의 정치학자 후쿠야마는 이 자명한 이치를 부연해서 한때 베스트셀러였던 『신뢰』라는 저작을 펴냈다. 그 요지는 다음과 같다. 경제발전에는 물질적 자본과 동시에 '사회적 자본'이 필수인데, 사회적 자본의 기본은 '사회적 상호신뢰'라고 밝혔다. 따라서 상호신뢰의 수준이 낮은 '저低신뢰 사회'에서는 경제성장은 지지부진할 수밖에 없다. 그런 저신뢰 사회에서도 그나마 가족, 친척 또는 동향인과 같은 소집단에서는 상호신뢰가 긴밀해서 그들끼리 소규모 사업을 벌여서 국가경제에 기여하는 경우는 있다. 하지만 본격적인 경제성장엔 대규모 기업체들이 있어야 하는데, 그런 대규모 기업체에는 필연 가족·친척을 넘는 '외부' 사람들이 모여들어야 한다. 그런 외부인들이 미덥지 않아서 가족주의·친족주의가 드센 나라에서는 대기업의 형성이 더디고 경제발전도 더디어진다.

한국도 한때 가족주의·친족주의가 지배적인 '저신뢰 사회'였고, 소규모 기업체들이 겨우 경제의 명맥을 이어오던 사회였다. 그런 가족주의의 한국이 어떻게 비약적인 경제발전을 이루었느냐고 후쿠야마는 자문한다. 거기엔 다른 많은 요인도 작용했지만, 박정희 대통령이 가능한 온갖 재정지원으로 몇몇 대기업을 육성함으로써 부득이 '외부인'을 영입하게 하면서, 좁은 자율적인 신뢰의 범위를 타율적으로 넓혀 가게 했기 때문이라는 것이 그의 답이다. 우리 논의의 맥락에서는 그것은 곧 '공의식의 확대'를 뜻한다.

속이는 것이 있으면 필연 그것을 남이 보지 못하게 감추게 된다. 그의 행위에 개방적인 공명한 '투명성'이 없고 어두침침한 구석이 생기게 마련이다. 사람에겐 물론 헌법에도 보장되어 있는 사생활의 비밀을 간직할 권리가 있다. 그러나 그것은 공공지사와 관계가 없는 사사로운 일에 한한다. 조금이라도 공공에 관계되는 사항에 관해서는 그야말로 '하늘을 우러러 한 점 부끄러움이 없는' 따라서 필요하면 언제라도 공개할 수 있는 투명성이 상호신뢰의 기반이다. 우리는 요새도 매일같이 정·관·재계의 부정부패 사건, 불량식품, 부정약품, 부실공사의 잦은 보도에 시달리고 있다. 또 정부 요직의 임명 후보자 청문회에서 드러나는 유명 인사들의 감추어진 비리 또한 한두 건이 아니다. 암담함과 더불어 나라고 그런 그늘이 없다고 장담할 수 있을까 하는 자성마저 하게 된다. 이런 잦은 비리 사건들은 사회적 불신감을 부추기고 그것이 이 나라의 경제발전에도 큰 장애가 된다. 사람들이 가끔 극단적으로 토해내는 대로 '이 세상 믿을 놈이 아무도 없다'는 볼멘소리가 멎어야 경제의 재도약이 가능하다.

맹자는 '군자삼락君子三樂', 군자의 세 가지 즐거움 중 하나를 '하늘을 우러러도 땅을 살펴도 아무 부끄러움이 없음'이라고 했다. 공자나 맹자와 같은 군자는 아닐망정 이 나라 지도층에는 그런 투명한 인사들이 많아져야 한다. 세계 여러 나라의 사회 신뢰도를 반영하는 사회적 투명성을 비교해서 발표하는 'Transparency International(국제투명성)'이라는 연구기관이 있다. 일반적으로 개인당 GDP가 큰 나라들이 투명성도 높지만, 그렇지 않은 경우도 많다. 한국은 개인당 GDP는 세계에서 10위 내외지만, 그 기관의 발표에 의하면 한국의 사회적 투명성 지수는 그보다 훨씬 처진 40위 내외를 맴돌고 있다. 그것이 한국의 내일, 선진국을 꿈꾸는 한국에 어떤 영향을 줄 것인지 깊은 성찰이 필요하다.

13. 부자의 의무

앞에서 간단하게 언급했듯이, 베버가 그의 저서에서 강조한 또 하나의 역점은 '부의 사회환원' 문제다. 즉, 자본가가 자본으로 창출한 부의 일부는 물론 자신과 가족의 생활을 위해서 소비해야 하지만 생활은 검소해야 하고, 절약해서 남는 부는 한편 적정량을 재투자에 배당하고 또 한편으로는 사회의 복지 증진을 위한 사업에 할당해야 한다는 주장이다. 그런 부의 사회환원도 인간사회의 복지를 위해 하느님이 원하는 윤리적 행위라는 뜻이다. 여기에도 경제의 도덕성이 함축되어 있다. 거기에는 '근면'과 동시에 '절약'이라는 덕목도 포함되어 있고 남에 대한 배려라는 공의식의 덕목도 포함되어 있다.

이런 부의 사회환원의 뜻을 한때 미국의 갑부였던 카네기A. Carnegie는 「부자의 의무」라는 글에서 극명하게 선언하고 있다.

"과시와 사치를 멀리 하며 검소하고 수수한 생활의 모범이 될 것, 부양하는 가족의 정당한 욕구는 적절히 돌보아 줄 것, 그런 다음에는 자신에게 돌아오는 모든 잉여수입은 단지 자신이 관리하도록 위탁받은 기금으로서 사회에 유익하다고 판단되는 일에 써야 하는 의무만을 지닌 재원이라고 생각할 것. 그리하여 부의 소유자는 가난한 동포들의 수탁자이고 대리인일 뿐이며, 그들이 관리하기보다는 관리에 관한 자신의 뛰어난 지혜와 경험으로 더 나은 관리로 봉사하는 일을 맡고 있을 뿐이다."

요는, 자기가 벌어들인 돈은 다 자기 것이 아니고, 최소한의 생계비 이외는 공공의 복지를 위해서 써야 할 공공재산으로 생각해야 한다는 것이다. 병원이나 대학을 설립하든지, 장학재단이나 연구재단을 만들든지, 극빈자들의 고난을 덜어 주는 사업을 벌이든지 하라는 것이다. 많은 부자, 특히 한국의 부자들에게는 엄두도 내기 어려운 마음가짐이다. 하지만 카네기의 말에는 그래야 자본주의 경제체제가 계속 발전해 갈 수 있다는 뜻이 담겨 있다.

자본주의 경제체제는 생산성은 높지만 '부익부 빈익빈'의 기제가 작용해서 경제적 불평등이 심화되는 경향이 있다. 본래는 도덕철학자였던 애덤 스미스A. Smith가 경제문제에 관심을 가지고 『국부론』을 펴내면서 각자의 사리私利의 자유로운 추구를 허용하는 방임적 경제체제가 결국 전체의 복지를 향상시킨다는 경제적 자본주의의 주창자가 되었다. 그래도 그가 독점기업을 반대하는 등 국가의 적절한 규제를 거론한 것은 방만한 자본주의가 초래할 수 있는 비도덕적인 부의 편재를 도덕 철학자로서 염려해서였을 것이다.

대표적인 자본주의 국가인 미국은 개인당 GDP는 물론 높지만, 한때 한 보고에 따르면 상층 10%의 소득이 그 아래 90%의 소득과 비등할 정도로 경제적 불평등이 심하다. 한국도 개인당 소득이 세계 10위 내외로 높아졌지만 상대적 불평등은 격차가 점점 벌어지고 있다는 보도가 있다. 연봉 2, 3천만 원도 안 되는 봉급자부터 연봉 60억 원인 봉급자도 있고, 고소득자들의 예금이자와 증권수익 등 부수입까지 합하면 소득격차는 더 벌어질 것이며, 재벌총수나 숨은 재력가들의 수입까지 밝힌다면 또 더 벌어질 것이다. 사회주의 국가인 중국에서도 경제는 자본주의 정책을 택한 후 가파른 경제성장을 이룩했지만, 동시에 경제적 불평등도 무섭게 격차가 벌어지고 있다. 상대적 부익부 · 빈익빈의 기제는 한 나라 안에서만 아니라, 세계적으로 여러 나라 사이에서도 작용하면서 각별한 발전정책이 있어 그 효과를 거두기 전에는 빈국과 부국의 경제적 불평등은 온갖 '원조'에도 불구하고 점점 더 격차가 벌어지고 있다.

그렇게 심하게 늘어나는 불평등은 공공연한 빈부 간의 갈등으로 경제적 생산성을 저하시킬 수도 있을 뿐만 아니라, 인권평등의 개념에도 크게 저촉되어 정치적 불안으로 이어질 수 있다. 그래서 여러 나라는 그런 불평등을 완화하기 위해서 누진세 · 상속세 · 연금 · 건강보험 등 여러 제도를 운영하고 있다.

하지만 어쩌면 가장 효과적인 것은, 카네기의 말대로, 고소득의 부자들이 부를 보라는 듯이 자랑하거나 현시하지 않고, 스스로 알뜰하게 절약해서 검소하게 생활하며, 부에 여유가 있는 만큼 그것을 남과 사회를 위해 희사하려는 풍습을 조성하는 것일 것이다. 그런 풍습은 곧 성숙된 공의식의 확대를 의미한다. 그런 부자에게는 사람들은 질시보다는 친근감을 느낄 것이다.

그래서인지 미국에는 부자들이 설립한 사회봉사기관인 '재단'이 많다. 그 예로 록펠러 재단, 포드 재단, 근래엔 빌게이츠 재단 등이 있다. 한국에도 여러 재벌 기업체가 설립한 사회봉사를 위한 재단들이 있다. 다만 측문한 바에 의하면, 미국의 문화재단들은 기업총수의 개인 재산을 희사해 설립·운영되고 있는 것인데 반해서, 한국의 문화재단들은 기업 자체의 재원으로 설립·운영되고 있다는 차이가 있다. 같은 부자이지만, 부의 사회환원의 정신에 관한 해석이 서로 다른 셈이다.

나는 미국 유학 시절, 마침 대통령 후보로 나온 스티븐슨의 기자들과의 텔레비전 대담을 볼 기회가 있었는데, 다리를 꼬아 올린 발의 구두창이 닳아서 큰 구멍이 나 있는 것을 보고 놀란 적이 있다. 언젠가 현대그룹의 총수 정주영 회장의 서산농장에 동행했는데, 그가 신은 운동화가 몇 년을 신었는지 흉하게 찌그러진 것에도 '감탄'했었다.

'진짜' 부자는 베버나 카네기의 말대로 근면하고 절약하고 검소하고 뽐내지 않는다. 도리어 가난에 쪼들리다가 어쩌다 벼락부자가 된 졸부猝富들이 그 정반대다. 그런 졸부들은 돈 좀 생겼다고 온갖 치장으로 부자임을 뽐내고, 유흥이나 사치에 펑펑 쓰면서도 남과 사회를 위한 일에는 인색하다. 그것은 마치 가난했던 시절의 억울함에 복수라도 하려는 듯한 심리상태다. 그것을 나는 '졸부의 철학'이라고 부른다. 아직도 우리나라엔 그런 졸부가 많고, 근자엔 중국에서 그런 졸부들이 무리지어 나오고 있다.

나는 친구와 가벼운 논쟁을 한 적이 있다. 내가 절약의 덕목을 힘주어 주장했더니, 그 친구는 "돈이 있으면 써야지 너무 절약하고 안쓰면 생산이 위축되고 경제가 성장하지 못한다. 사고팔고 하는 활동이 왕성해야 GDP가 올라가고 경제가 발전하는 것이 아니냐!"라고 반론했다. 그럴듯한 말에 나는 잠시 멈칫했다. 그의 말은 맞는 말이었기 때문이다. 하지만 곧 그 반론의 반론이 떠올랐다. "그 말은 맞네. 내가 고행자가 아닌 이상 내 삶을 살고 적당히 즐기는 데에도 돈을 써야겠지만, 절약한 돈을 은행에 맡기면 은행이 기업에 투자해서 생산을 할 것이고, 어려운 사람들의 구휼사업이나 어려운 학생의 장학금으로 기탁하면 그들이 더 뜻있게 '사고파는' 일을 활성화할 것이 아닌가! 그렇다고 내가 무슨 남과 사회를 위해 펑펑 희사할 수 있는 부자라는 뜻은 아니네만."

14. 미성숙 민주주의

한국의 '한강의 기적'은 1960년대 이후의 경이적인 경제발전만이 아니다. 1990년대 이후 민주주의의 꽃이라고 하는 보통선거에 의한 평화적 정권 교체의 관례를 확립한 정치발전도 다른 나라에서는 보기 드문 한국의 기적적인 변혁이다. 경제발전이 4,000년의 빈곤을 해결한 역사적 성취였다면, 이 정치발전은 기나긴 역대 왕조와 일제강점기, 해방 후 이승만 정부의 '건국독재'와 박정희 정부의 '개발독재' 그리고 이어 그 여운을 담은 긴 군부독재를 청산한 획기적 성취라고 해야 한다. 1945년 제2차 세계대전 종료와 더불어 탄생한 '후진국'들 중 두 성취를 이룬 나라는 아직은 아주 드물다.

하지만 선진국 진입을 꿈꾸는 한국경제의 앞길에 많은 난제가 예견되듯이, 민주정치적 선진의 전도에도 많은 과제가 놓여 있다. 가끔 들리는 "정치만 잘하면 한국은 참 살기 좋은 나란데!"라는 사람들의 한숨도 이를 방증한다. 어렵사리 성취해 냈지만, 한국의 현재 자유민주주의는 외양은 갖추었지만 아직 내실이 허약한 미성숙 민주주의라고 해야 한다.

제2차 세계대전 때 영국의 명 수상이었던 처칠은 "민주주의는 다른 어느 체제보다 좋은 최악의 정치체제다"라고 약간은 익살스러운 모순어법으로 민주주의를 규정했다. 민주주의가 최선의 정치체제이기는 하지만, 그것을 성공적으로 운영하기 위해서는 많은 어려운 요건을 갖추어야 하는 아주 힘든 정치체제라는 뜻이다. 자유민주주의는 하나의 이상이다. 그 이상을 완벽하게 현실화하고 있는 나라는 지상에는 없다. 민주주의는 적절한 요건을 마련해 가면서 끊임없이 접근해야 하는 이상이다. 그 요건들이 얼마나 마련되어 있느냐가 성공적인 민주주의 운영을 가능하게 하는 민주주의의 성숙도다. 그 성숙도가 낮으면 제도적으로는 민주국가라도 현실에서는 온갖 비리·비효능·갈등·소요에 시달리게 된다.

정치현상은 물론 수많은 요인의 작용으로 현출한다. 그런 요인들을 밝히는 것은 정치학자의 몫이다. 다만 인간적 요인이 주관심인 나로서는 그런 과제 중 가장 중핵인 것은 '공의식'의 문제라고 믿는다. 나라가 가는 향로의 방향타는 주로 나라의 정계·관계·재계·문화계 지도층의 손에 쥐어져 있다. 그들이 언제나 구두선처럼 이 '나라를 위하여!' '국민을 위하여!'라는 구호가 말 그대로 정말로 진실된 공의식에서 우러나오는 말이라면, 각계의 부정부패 사건도, 당리·당략과 집단이기주의로 불구대천의 갈등을 벌이는 정치행태도 없거나 아주 드물어야 한다. 애국심을 위시한 층층의 성숙된 공의식의 기반 없이는 아무리 자유를 구가할 수 있는 자유민주주의의 정치체제도 방향타가 헛돌면서 언젠가는 금이 가고 무너질지 모르는 사상누각이 된다.

프랑스 정치학자 토크빌A. Tocqueville은 1830년경에 약 일 년 간 미국의 정치·사법·교육제도 등을 연방정부에서부터 주와 군 수준에 이르기까지 그 역사와 더불어 면밀하게 관찰하고 나서 명저 『미국의 민주주의』를 펴냈다. 그 저서는 미국 사람 자신도 자기들 민주주의의 원전으로 여길 만큼 미국 민주주의의 본질을 드러낸 책으로 유명하다. 그는 당시 거의 다 전제왕조였던 유럽의 여러 나라도 결국엔 미국과 같은 민주주의의 길을 택할 수밖에 없을 것이라고 충고하면서, 책 끝 부분에 미국 민주주의가 성공한 원인을 세 가지로 요약했다.

첫째는 미국의 풍부한 천연자원이다. 그것은 곧 먹고 살려고 아옹다옹 싸울 필요가 적어야 한다는 민주주의의 '경제적 요건'을 마련해 주었다. 민주주의는 심난하게 가난한 나라에서는 제도적으로 도입한다 해도 성숙하기 어렵다. 1997년에 두 정치학자가 1950년에서 1990년 사이의 세계 모든 나라를 대상으로 경제와 민주주의의 관계를 검토한 결과, 민주주의를 도입해도 개인 소득 1,500불 이하의 나라에서는 대개 8년도 못 가서 독재로 전락하고, 1,500~3,000불의 나라에서는 그 수명이 약 18년이 되는 등 경제 수준에 따라 민주주의의 수명이 길어진다고 발표한 적이 있다. 9,000불이 되어야 민주주의는 안전성을 갖춘다고 했다. 가난한 나라에서는 민주주의를 도입해도 곧 실패한다는 말이다. 해방 후 대한민국의 역사 자체가 그 대표적인 예다. 토크빌은 그런 경제와 민주주의의 관계를 근 이백 년 전에 간파했던 셈이다. '의식이 족해야 예의를 안다'는 옛말은 '의식이 족해야 민주주의도 성공한다'는 뜻도 함축하는 셈이다.

둘째 원인으로 그는 '법의 지배'라는 요건을 들었다. 미국 사회에서는 유난히 법을 엄중히 준수하고 집행하는 풍습이 강하다고 했다. 미국은 그럴 수밖에 없는 사정도 있었다. 다 알몸으로 신대륙에 건너간 그들에겐 사회질서를 세우기 위해서 이래라 저래라 할 왕도 없고 특권계급도 없이 다 평등했다. 그런 상황에서 사회질서를 세울 수 있는 길은 오직 자기들이 합의해서 제정한 법의 힘뿐이었다. 그것은 왕조나 독재자가 자기들을 위해서 정한 법이 아니라, '우리가 우리를 위해서' 정한 '우리의 법'이기 때문에 더 소중하고 엄중하게 준수·집행하는 풍토가 형성되었다.

여기에 곁들여 참고할 만한 사실은 1941년 불의의 진주만 공격으로 태평양 전쟁을 도발한 일본, 특히 그 군국주의자들은 미국의 물질적 국력만 아니라 정신적 국력을 크게 오산했다는 점이다. 19세기 중엽 '명치유신'으로 여타 아시아 국가들보다 한발 앞서 근대화를 시작한 일본은 유럽의 여러 나라는 '배우려고' 했어도, 유럽 사람들이 당시 미국을 미개국으로 여긴 것처럼 미국 문화엔 별 관심이 없었다. 게다가 미국의 민주주의는 일본의 천황제 제국주의에 맞지도 않았다. 그들은 미국 민주주의는 '우민정치'고, 온갖 이질 민족들이 모인 나라이며 개인주의도 드센 나라이기 때문에 일단 전쟁이 터지면 단결심도 애국심도 없이 지리멸렬 우왕좌왕할 나라로 보았다. 그들은 '우리를 위하여 우리가 만든 우리의 법으로 세운 우리의 나라'라는 미국인들의 자긍심이 강렬한 애국심을 낳을 것이라는 이치를 몰랐던 것이다. 게다가 강대국이었던 청나라와 러시아에게도 전쟁을 이긴 자만심도 작용해서 무모한 전쟁을 도발했다. 내가 내 손으로 지은 집이 그냥 사 들인 집보다 더 애착이 간다는 이치를 잊었던 것이다.

셋째 원인으로 토크빌은 미국 국민의 높은 수준의 '도덕적 · 지적 특성'이라는 요건을 든다. 그것은 곧 나만 아니라 남의 인권과 자유도 존중하고, 서로 이해하고 같이 협의하며, 절충도 하고 양보도 하고, 물론 법도 엄하게 준수하는 등 민주적인 공동체 운영에 필요한 도덕적 · 지적인 역량을 말한다. 이런 도덕적 · 지적 역량은 주로 미국의 초 · 중등학교에서 함양된다고 했다. 미국은 건국 당시부터 보통교육을 의무화했다. 미국은 그럴 수밖에 없었다. 유럽 각지에서 모여드는 종교도 관습도 도덕관도 다른 이질적인 집단에는 한 나라의 운영에 필요한 어떤 정신적인 공통분모로서 민주주의 운영에 필요한 지적 · 도덕적 특성을 형성해 가야 했다. 그 일을 위해 초 · 중등교육을 모든 국민의 자녀에게 의무화했다. 당시 유럽 사람들은 미국에 유명한 철학자 · 과학자나 문학자가 없는 것으로 미루어 미국 사람을 비문명인으로 여겼으나, 토크빌은 보편적 의무교육으로 양성된 전 국민의 교양 수준으로 따지면 미국의 교양 수준이 유럽의 어느 나라보다 훨씬 높다고 관찰했다. 그리고 자기 나라 프랑스의 교육은 사적 이익의 추구에 유리한 능력을 기르려는 교육인 데에 반해, 미국 교육은 공적 생활에 필요한 역량을 기르는 것이 주목적이고, 그것은 실질적으로 '정치교육'이라고 관찰했다. 여기 용어로는 '공의식' 육성이 주목적이었던 셈이다.

그러면서 민주주의의 세 요인 중 가장 결정적인 요인은 도덕적 · 지적 특성이라고 그는 결론지었다. 남미도 자연자원은 풍부한데 민주주의는 싹트지 못했으며, 멕시코에도 비등한 법이 있으나 잘 지켜지지 않아 민주주의는 요원했고, 같은 미국에서도 당시 서부지방은 동부지방보다 민주주의가 거칠었다고 관찰했기 때문이다.

민주주의의의 성공 · 성숙에 관한 토크빌의 이 같은 견해는 우리 한국의 민주주의를 되돌아 비추어 보는 거울일 수도 있다. 대한민국은 1948년 국시는 자유민주주의로 천명했으나, 주로 가난 때문에 긴 세월 독재로 전락해 있었다. 4 · 19로 다시 찾은 민주주의도 다시 가난의 아우성에 밀려 일 년도 못가서 5 · 16으로 무너져 독재로 전락했다. 하지만 1960년대부터의 '개발독재'는 비약적인 경제발전으로 민주주의의 첫째 요건인 경제적 풍요로의 길을 개척해 냈다. 그것이 1990년대 이후의 민주적 정치발전의 발판이 되었던 셈이다. 그 점에서는 박정희 대통령이 자주 독재자로 비난받지만 경제발전을 이루어 낸 그의 공은 높이 인정되어야 한다. 빈곤이 계속되었더라면 실질적 민주주의의 도래도 그만큼 늦었을 것이기 때문이다.

현재 한국 민주주의의 문제는 둘째와 셋째 요건인 '법의 지배'와 '도덕적 · 지적 특성'의 부실에 있다. 우리의 법의식에는 불행했던 과거의 역사적 경험의 흔적이 남아 있다. 지난 왕조시대 특히 가렴주구가 극심했던 조선 말기에는 적당히 법을 무시하는 것이 살 길이었고, 일제강점기엔 법을 어기는 것이 애국자였으며, 독재치하에선 법에 반항하는 것이 민주투사였다. 법을 경시·무시하는 가장 단적인 예가 각종 시위에서 걸핏하면 경찰에 쇠파이프를 휘둘러대는 행위다. 공권력에 대한 폭력행위는 '법이 지배해야 할' 민주국가에서는 있을 수 없는 만행이다.

법 준수의 정신도 부실하지만, 법의 집행에서도 전래의 '온정주의' 탓인지 준엄성이 부족하다. 법을 범해도 가벼운 벌로 끝난다. 예컨대, 알면서 저지르는 불량식품·불량약품은 뻔히 인명을 위협하는 중범인데, 보도에 따르면 그 벌은 대개 가볍다. 또한 여러 국경일에 '특별사면'이 많고 잦은 것은 다른 민주국가에서도 그런지 궁금하게 한다. 개인과 개인 사이의 사적인 인간관계에서는 온정이 너그럽게 작용해야 하지만, 공적인 법의 집행에서는 '읍참마속'의 엄준한 기풍이 법의 정신이어야 하는 것이 아닐까? 법이 무르거나 무너지면 민주국가도 존립하기 어렵다. 민주국가에는 법 이외에 질서유지를 위한 다른 통제력이 없기 때문이다.

민주주의의 경영에 필수인 국민의 '도덕적·지적'인 역량에도 문제가 많다. 사람의 도덕적·지적인 역량은 우선 생후 가정에서 기초가 형성되지만, 그 후 여러 사회 경험에 의해서도 육성된다. 특히 토크빌의 관찰대로, 한 나라의 초·중등학교와 대학의 학교교육은 그 육성의 결정적인 역할을 한다. 한국교육은 공공을 위한 공의식의 함양보다는 사리 추구를 위한 극심한 출세·치부주의의 선풍에 휘말린 지 이미 오래다. 거기에는 역사적 배경도 작용하고 있다. 현대의 한국교육은 신천지에서의 미국 건국 초기처럼 역사의 공백상태에서 운영될 수는 없었다.

고려에서 조선에 걸친 근 천 년 동안 실시해 온 과거제도는 그것을 통과해서 정승·판서·원님 등으로 출세해야 빈곤한 나라에서 그나마 부귀를 누리면서 먹고 살 수 있었다. 아니면 평민으로 수탈의 대상으로 전락해야 했다. 그리고 그렇게 출세해서 가족만 아니라 어려운 일가친척도 다 먹여 살려야 할 정서적 의무까지 지녔기 때문에 치부의 관심이 작동할 수밖에 없었다. 따라서 과거제도는 명색은 국가경영의 양식良識을 선발하는 제도였지만 실제는 사리사욕을 위한 치열한 경쟁의 아수라장이었다.

애당초 국가경영에 필요한 지적·정서적·도덕적 자질을 과거제도에서처럼 종이 몇 장의 필답고사로 가늠할 수는 없다. 그 옛날의 과거제도를 대신하고 있는 것이 오늘날의 수능시험과 대학입시와 고등고시다. 그것이 곧 한국교육을 교육 아닌 입시준비의 장, 개인적 출세·치부를 위한 치열한 경쟁의 장으로 만들고 있다. 거기엔 남과 나라를 위한 '공의식' 그리고 그 바탕이 되는 '도덕적·지적 특성'의 함양을 위한 교육이 비집고 들어갈 틈이 거의 없다. 한국교육의 문제는 Ⅲ부에 재론하겠지만, 지금대로의 한국교육은 민주주의의 가장 중요한 요건인 도덕적·지적인 역량의 함양엔 극히 미흡하다. 그리고 그것이 한국 민주주의가 미성숙 상태에 있는 큰 원인이 된다.

15. 나와 남

공의식이 연못에 던진 돌이 일으키는 파문들처럼 점점 정신윤곽이 넓어져 가야 하는 도덕적 의식이라는 점에 비추어, 앞에서 언급한 옛 과거제도의 반성과 더불어 역사적 성찰이 요망되는 몇 가지 사항이 또 있다. 하나는 무속신앙이고 또 하나는 다시 유교의 삼강오륜에 관한 성찰이다.

무속신앙은 한국인의 정신적 기층이라고도 할 만큼 우리에게는 뿌리가 깊다. 아마도 몽골족이 수만 년 전 알타이산맥을 넘어 춥고 황량한 시베리아 벌판을 동진하던 고난의 길에서 강화된 신앙일 텐데, 거기에는 범신론이나 강신론 등의 여러 특징이 있지만, 그 중심엔 복을 비는 기복祈福사상이 놓여 있다. 그 기복의 내용은 주로 부·귀·수·다남이었다. 옛날 내 어릴 때 베개 목에도 '부'와 '귀' 또는 '수'와 '복' 자가 수놓아 있었던 것이 생각난다. 꿈에서도 부귀·수

복을 바랐던 셈이다. 부·귀·수·다남을 비는 심정은 걸핏하면 굶주리고 춥고, 질병으로 요절하며, 많은 생산 노동력이 필요했던 고대사회에서는 필연적인 신앙이었을 것이다. 무속신앙은 살아가기 힘든 고대에 많은 동서양 민족의 신앙이었다.

하지만 그런 기복사상에는 최정호 교수가 지적·비판한 대로 현대적인 눈으로 본다면 두 가지 난점이 있다. 최정호 교수는 그것을 '타자他者의 부재'와 '초월超越의 부재'라고 했다. 즉, 부·귀·수·다남의 기복은 다 '나'의 복, 좀 넓어야 나의 가족의 복을 비는 심정일 뿐이며, '남'의 복을 비는 심정은 아니다. 한국엔 그 후 유교·불교·기독교 등 여러 종교가 들어왔지만, 그 종교들의 중핵 교리인 남에 대한 '인'·'자비'·'사랑' 등의 심성은 엷어지거나 잊혀지고 주로 나의 복을 비는 신앙으로 '기복화'했다. 수능시험과 대학입시의 시절이면 나의 아들·딸의 고득점을 비는 어머니들이 절간을 메우고, 어떤 교회에는 '자녀의 합격을 위한 기도회'라는 표어가 걸리기도 한다. 내 아들·딸이 합격하면 그만큼 남의 아들·딸에게 불합격의 불운이 온다는 데에는 전혀 개의치 않는 '타자 부재'인 '나' 중심의 생각이다. 거기에 남에 대한 자비나 사랑을 강조하는 부처나 하느님까지 끌어들여 내 편에 서 달라고 하는 것은 그 교리에는 어긋나는 심사라고 해야 한다.

'초월의 부재'란 부·귀·수·다남의 기복은 다 현실적인 욕구 만족을 위한 가치일 뿐이고, 거기에는 현실적 욕구를 조금은 초월하는 정직·예절·정의·박애와 같은 이상이나 이념을 나타내는 가치는 포함되어 있지 않음을 뜻한다. 그런 현실에의 집착은 강한 생존력의 원천일 수도 있다. 온갖 수난을 겪으면서 생명력을 유지해 온 한민족의 저력도 거기에 기인하는 것일지도 모른다. 하지만 초월적인 이념적 가치의 추구가 너무 빈약하면 사욕의 난무로 사회는 도리어 살기 힘든 무질서와 혼돈에 함몰할 수도 있다. 유교의 인·의·예·지·신仁義禮智信과 같은 덕목은 그런 혼돈을 예방하려는 그 나름의 초월적 가치다.

하지만 유교의 '삼강오륜'은 여기에서 다시 문제 삼아야 한다. 앞에서 삼강오륜은 '붕우'를 제외하고는 다 수직垂直윤리고, 그것이 함축하는 권위주의는 창의력의 출현에 불리하다는 점을 지적했다. 그 삼강오륜은 공의식의 함양에도 한계를 드러낸다. 군신·부자·부부·장유·붕우의 관계를 규정한 오륜은 문자 그대로 다 '서로 아는 사람들 사이'의 윤리고 '우리들'끼리의 덕목일 뿐, 거기엔 생면부지인 '남'에 대한 윤리는 포함되어 있지 않다는 문제가 있다. 하지만 인간들의 사회생활에서는 전혀 면식이 없는 사람들도 거리에서 시장에서 극장에서 서로 스치고 마주치고, 대면해서 길을 물으면 알려 주기도 해야 한다. 보이지 않는 먼 곳, 딴 나라의 재난을 당한 사람들을 도와주기도 해야 한다. 전쟁에서 싸우던 적도 부상해서 적의를 잃으면 도와주는 것이 적십자정신이다.

이런 타인, 남과의 인간관계에서 작용하는 윤리는 수평水平윤리다. '나'를 넘고 '우리'도 넘어 더 넓은 세계의 '남'들에게까지 퍼져 가야 하는 수평윤리다. 물론 유교라고 해서 수직적인 삼강오륜의 교리만 있는 것도 아니고, 유교사회가 삼강오륜으로만 운용되고 있는 것도 아니다. 다만 문제는 '아는 사이의 윤리의식'만 너무 강하면 한 사회, 한 국가의 경영에 필수조건인 '모르는 사람들 사이'의 넓은 공의식의 조성에 한계가 생긴다는 점이다. 이런 추리에 따라 나는 유교교리의 일차적인 윤리의 진수는 흔히 자주 드는 삼강오륜이 아니라 '인·의·예·지·신'이라는 윤리덕목이라고 믿고 싶다. 삼강오륜은 거기에서 필연 파생하는 이차적인 윤리라고 생각하고 싶다.

앞 논의에서, 나 자신도 그 속에서 태어나고 자라난 한국문화의 정신적 기층인 무속문화와 유교문화에 대해서 내가 지나치게 비판적이라는 비판을 받을 수도 있다. 하지만 나의 본의는 무속문화나 유교문화를 부정하려는 것이 아니라 시대의 추이에 비추어 그 의의를 재성찰·재해석해서 적정하게 재지향해야 할 필요가 있음을 밝히려는 것이다.

의학의 발달로 '수'의 갈구는 옛날보다는 덜해졌고 여권이 신장한 현대에서는 '다남'이 더 이상 간절히 갈구하는 복은 아닐 것이다. 하지만 '부'와 '귀'의 추구는 아직도 드세서 앞에서 거론했듯이 여러 부조리를 낳고 있다. 부귀의 적정한 추구는 인지상정이지만, 현대사회는 꼭 출세해서 벼슬을 해야만 먹고 살 수 있는 세상은 아니다. 벼슬로 이어지는 관변 출세가 아니더라도 먹고 살 수 있는 직업의 세계는 다양하고 그에 따라 사회적 영예를 얻을 수 있는 길도 다양하다. 지나친 경쟁심을 유발하는 부귀의 집착에서 벗어나야 공의식 확대의 길이 열릴 것이다.

삼강오륜도 그 자체로는 나무랄 것이 없는, 거의 인지상정에 가까운 덕목이다. 다만 그것이 한편 지나친 권위주의에 사로잡히지 않고 또 한편 친지 간만이 아닌 넓은 '남'들에게로까지 정신윤곽, 공의식이 확대되는 데 제한이 되지 않기를 제안할 뿐이다.

'나'의 의식과 '남'의 의식은 자유민주주의의 근간 사상인 '자유'와 '평등'의 문제에도 관련된다. 자유와 평등은 같은 인권존중이라는 핵심 이념에서 파생하는 사상이면서도 정치현실에서는 자주 대립관계에 선다. 그 때문에 많은 민주국가에서 자유를 기치로 하는 보수당과 평등을 앞세우는 진보당이 경합을 벌인다. 그것은 어쩌면 인간 자신이 가지고 있는 양면적인 욕망에 기인한다고 할 수 있다. 자유는 '내 일은 내 마음대로'라는 주장이고, 평등은 '나도 남과 같이'라는 주장이다. 인간은 내 마음대로 남보다 돈을 더 많이 벌고자 하는 자유의 욕망과 나도 남처럼 잘 살아야 한다는 평등의 욕망을 둘 다 가지고 있는 야누스 같은 존재다.

자유와 평등은 다각도로 음미해야 할 사상이지만, 여기에서 우리의 관심은 자유도 평등도 근본적으로 도덕적 개념이고, 그 둘의 조화도 도덕적인 문제라는 점이다. 자유는 도덕의 존립 근거다. 자유가 있어야 그의 행위에 도덕적 책임을 물을 수 있기 때문이다. 자유가 없는 노예의 행위엔 도덕적 책임을 물을 수 없다. 인간은 자유로울 수 있기에 도덕이 성립된다. 또 한편, 인간은 도덕적일 수 있기에 자유가 성립된다. 선행과 악행을 가리고 한쪽을 선택할 수 있을 때 나는 자유다. 상부의 명령에 따라 유태인을 학살하는 악행을 할 수밖에 없는 상황은 자유가 아니다. 앞 논의에서 '도덕'은 이 책의 우리 용어로는 곧 공의식을 뜻한다. 그리고 평등사상도 모든 사람의 인권은 동등하며, 그들의 생존에 필요한 기본적인 욕구는 다 같이 충족되어야 하고 모든 기회는 모두에게 균등하게 열려 있어야 한다는 점에서 근본적으로 도덕적 개념인 것에는 부연이 더 필요 없을 것이다.

알다시피 프랑스혁명의 슬로건은 '자유 · 평등 · 우애'다. 나는 이 세 사상이 그저 제각기 다 좋은 덕목을 나열해 놓은 것이 아니라, 셋이 한 삼각형의 세 정점을 이루면서 밑변의 두 정점인 '자유'와 '평등'을 조화시킬 수 있는 원리로서 두 변의 정점에 '우애'가 위치해 있는 것으로 본다. 즉, 우애는 자칫 대립 · 갈등관계에 빠질 수 있는 자유와 평등을 조화롭게 종합하는 원리라고 본다. 아마도 프랑스혁명의 주창자들도 그랬으리라 상상한다. 우애는 더 말할 나위 없이 '인' · '자비' · '사랑'과 매한가지로 도덕적 개념이다. 자유주의자도 평등주의자도 조금은 서로 감정이입하고 이해하려 할 때 자유와 평등의 공존 운영의 길이 열릴 것이다.

16. 교 양

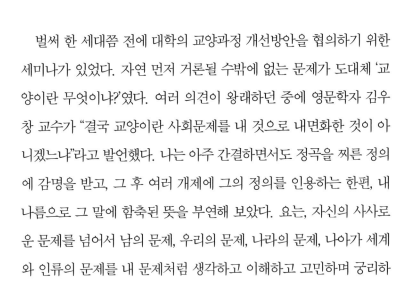

　벌써 한 세대쯤 전에 대학의 교양과정 개선방안을 협의하기 위한 세미나가 있었다. 자연 먼저 거론될 수밖에 없는 문제가 도대체 '교양이란 무엇이냐?'였다. 여러 의견이 왕래하던 중에 영문학자 김우창 교수가 "결국 교양이란 사회문제를 내 것으로 내면화한 것이 아니겠느냐"라고 발언했다. 나는 아주 간결하면서도 정곡을 찌른 정의에 감명을 받고, 그 후 여러 개제에 그의 정의를 인용하는 한편, 내 나름으로 그 말에 함축된 뜻을 부연해 보았다. 요는, 자신의 사사로운 문제를 넘어서 남의 문제, 우리의 문제, 나라의 문제, 나아가 세계와 인류의 문제를 내 문제처럼 생각하고 이해하고 고민하며 궁리하는 마음가짐이 교양이라는 것이다. 그것은 곧 공의식의 형성을 의미한다.

　국가사회에는 언제나 여러 가지 문제가 산적해 있기 마련이다.

어떤 문제는 해결되어 소멸하고, 어떤 문제는 집요하게 안 풀리면서 고질로 연속되며, 어떤 문제는 시대의 변천에 따라 돌발하기도 한다. 문제의 영역은 정치·경제·사회·문화·자연 각계에 넓게 퍼져 있다. 따라서 사회문제의 내면화는 우선 그 넓은 영역을 개관하는 조감도적인 견해를 형성할 수 있어야 함을 뜻한다. 따라서 교양을 기르기 위한 교양과정엔 필연 인문·사회·자연·예술 등 문화전반에 걸친 다양한 학과목이 포함되게 마련이다. 그리고 '내면화'란 그런 사회 문제들에 '감정이입'하면서 그들 문제에 대한 이해·비판·통찰력과 동시에 사회적 감수성·사명감·책임감을 형성함을 뜻한다.

교양을 사회문제의 내면화로 규정하는 것은 정치발전에 관한 애몬드G. A. Amond와 버바S. Verba의 연구를 상기하게 한다. 그들은 여러 나라의 '정치발전' 과정을 종합하면서, 한 나라의 정치발전이 세 단계의 '정치문화'를 거친다고 보았다.

첫째는 '향당鄕黨 정치문화'로서, 국가는 세웠지만 아직도 사람들의 사회적 관심이 옛 부족이나 향리의 이해관계에 머물러 있고, 국가의 문제를 아직 나의 문제로 내면화하지 못해서 국가의식은 희박한 단계다. 따라서 부족·향리 간에 갈등·분쟁도 잦다. 국가정치에 국민의 의견을 반영하는 '정치적 투입'은 빈약하며, 국가정치가 이루어내야 하는 '정치적 산출'도 빈약한 단계다. 나라는 있었지만 극심한 사색당쟁으로 얼룩진 조선 말기가 그 예이며, 지금도 정치에 '지역감정'이 심하게 작용하고 있는 것은 그 옛날의 유습이 아닐까?

둘째는 '복종服從정치문화'로서 절대왕조나 독재국가를 특징짓는 정치발전의 단계다. 각종 부족·향당들을 통합하고 국민은 '신하'로서 군주나 독재자에게 절대복종을 제도화한 정치문화다. 옛날 중국을 통일한 진秦나라가 대표적인 예다. 지금의 북한도 그 예에 든다. 따라서 민의를 반영할 수 있는 정치적 투입은 여전히 빈약하지만 절대권력으로 정치적 산출이 간혹 클 수는 있다. 만리장성, 피라미드, 화려한 궁전 등이 그 예다.

셋째는 민주주의 국가를 특징짓는 '참여參與정치문화'의 단계다. 여기에서는 민의를 정치에 반영함으로써 국민은 국정에 참여한다. 따라서 정치적 투입도 활발하고 정치적 산출도 왕성할 수 있다. 민주주의의 그런 매력 때문에 제2차 세계대전 후의 신생국가를 포함한 많은 나라가 민주주의를 제도화했다. 하지만 여기에도 초기 단계엔 여러 문제가 발생할 수 있다. 그것은 민의를 주장하는 정치적 투입이 지나치게 혼란스럽고 무질서하거나 그것을 정치적 산출로 이을 국력이 부족하면, 지나친 참여 정치문화는 위기를 맞게 된다는 점이다. 그래서 다시 혁명으로 붕괴하는 민주주의의 경우도 많다. 4·19 이후에 민주적으로 탄생한 장면 정부의 붕괴가 그 예다.

따라서 애몬드와 버바는 넷째로 참여 정치문화의 기초에 인문과 과학의 전통을 융합한 '시민civic정치문화'를 제안한다. 인문이란 문학·사학·철학·예술을 포함하고 과학은 여러 자연과 사회과학도 포함하는 것으로 본다면, 그의 제안은 넓은 교양으로 계몽된 시민의 참여정치문화라는 뜻이 된다. 그들의 'civic'이라는 말은 '시민'이라고도 또는 '공민'이라고도 번역할 수 있다. 시민은 곧 공의식이 투철한 국민을 뜻한다.

말을 바꾸면, 그들이 제안하는 '시민정치문화'를 '문명文明된 정치문화'라고도 부를 수 있다. 우리는 앞에서 '문화' 중에서 진·선·미라는 가치에 비추어 좀 더 격조가 높은 세련된 부분을 '문명'이라고 부를 수 있다고 했다. 들의 짐승들처럼 '야하게 제멋대로 노는 것'이 아니라 조금은 교양이 있고 서로 사리사욕을 자제할 줄도 아는 사람들의 사회라는 뜻이 '문명'에 담겨 있기 때문이다. 또한 시골의 농촌에서처럼 서로 알고 지내는 사이가 아니라, 큰 도시에서처럼 서로 모르는 사람들끼리도 서로 인간적 배려를 하는 '시민'이라야 한다는 뜻도 함축한다.

그들 제안은 쉬 짐작할 수 있다시피 민주주의의 가장 중요한 요건으로서 '도덕적·지적 특성'을 강조한 토크빌의 제안과 김우창 교수의 통찰과도 일맥상통한다.

교양이 있는 사람을 중국에서는 '군자'라 하고, 영국에서는 '신사'라 하고, 한국에서는 '선비'라는 말이 그에 가깝다. 군자는 학덕이 높고 예의가 바르고 품위가 있는 사람이라는 뜻이고, 아마도 인·의·예·지·신仁·義·禮·知·信이 두터운 사람을 이르는 말일 것이다. 영국의 '신사'에는 명예와 예의를 존중하고 아녀자와 약자에게 친절하다는 어감이 짙다. 어감은 조금씩 다르지만, 다 지적·도덕적·정서적으로 높게 세련된 인물이라는 뜻을 담고 있다. 이렇게 보면 토크빌이나 애몬드·버바의 제안도 결국 국민의 소수만이 아니라 대부분이 교양이 있는 사람일 것이 민주주의의 요건이라는 말이 된다.

나는, 어느 분의 글인지는 알 수 없지만, 우리나라 '선비'를 다음과 같이 정의한 글에 감명을 받은 적이 있다.

"조선왕조 500년 이상을 이끌어 온 중심에는 '선비'라 일컫는 지성인 계층이 있었다. 그들은 시대를 꿰뚫어 보는 예지의 소유자였으며, 부정과 비리를 용납하지 않는 냉엄한 비판세력이었다. 나라가 위란에 처했을 때는 목숨을 초개처럼 내던지는 의병이었고, 어쩌다 벼슬길에 나가면 서슬 퍼런 청백리였다. 그러나 그들의 진면목은 벼슬자리에 연연하지 아니하고 초야에 묻혀 산천을 즐기며 천지 간의 이치를 탐구하고 경세제민의 방안을 강구하는 모습에서 찾을 수 있다. 언제나 현실에서는 한걸음 물러서 있는 듯하지만, 실제로는 나라의 부강, 백성의 편안, 개인의 인격도야를 위한 구체적 방안을 궁리하느라 가슴을 태웠다."

시원하고 후련한 감명과 동시에 많은 것을 생각하게 하는 글이었다. 하지만 굳이 찾는다면 몇 가지 아쉽고 안타까운 점은 있다. 우선 그 분의 말대로 조선왕조가 500년을 존속한 데에는 이런 선비들이 있었기 때문이었을지도 모르나, 그런 선비들이 과연 국민의 몇 %나 되었을까 하는 점이다. 그런 선비정신을 국민의 대다수가 또는 적어도 지도층이었던 양반들이 넓게 간직하고 있지 않고 의외로 극소수만이 견지하고 있었던 것이 아닌가 하는 점이다. 특히 조선왕조 말기에는 그런 선비가 귀했던 것이 망국의 원인이 아니었나? 또 벼슬

아닌 재야에서는 선비였지만 벼슬길에 오르는 순간 그 분의 말과는 달리 곧 선비이기를 멈추고 갖가지 비리를 일삼았던 것이 아닌가? 그렇지 않았더라면 특히 조선왕조 말기 망국의 큰 원인이었던 '삼정의 난'과 같은 가렴주구의 폭정은 없었을 것이 아닌가? 기실 '선비'라는 말에는 학덕이 있으면서도 벼슬을 하지 않는 또는 하지 못하고 있는 사람이라는 어감이 짙다.

하지만 앞 글 그대로가 뜻하는 선비정신은 민주사회에서도 경세제민에 필요한 도덕적·지적 특성의 귀감으로 추구해야 할 정신이다. 다만 문제는 선비정신이 소수만이 아닌 국민 대다수의 특징으로 확대되고, 벼슬길 밖에서만이 아니라 벼슬길 속에서도 살아 있을 정신이어야 한다는 점이다. 전자는 교육의 문제고, 후자는 지도층 자신의 문제다.

한 나라의 학교교육은 결국 선비라고 부르건 군자 또는 신사라고 부르건, 문명적 격조가 높은 교양인을 기르는 것이 그 목적이다. 학교교육의 문제는 제3부로 미루고, 가장 기본적인 교육의 장인 가정에서부터 시작하는 도덕성 발달의 문제부터 간단히 살펴본다.

17. 도덕성 발달

공의식은 근본적으로 도덕성을 뜻하기 때문에 사람이 태어나 성장하면서 도덕성이 어떻게 발달하는지를 개관할 필요도 있다. 인간의 모든 특성의 발달이 그렇듯이 도덕성 발달도 탄생 직후부터 어린 시절의 경험이 그 기본적인 틀을 형성한다.

전통적인 정신분석학의 견해는 유아기의 발달을 '구강기' '항문기' '성기기'의 세 단계로 나눈다. 명칭이 약간 괴상하지만, 구강기는 아이가 엄마의 품에 안겨 입으로 엄마 젖을 빨아먹고 자라듯이 충족한 영양과 동시에 충분한 사랑을 받으면서 자라나야 할 시기라는 뜻이다. 항문기는 1~2세쯤에 대소변 가누기 훈련부터 시작해서 심술 부리지 않기, 울지 않기, 남을 때리지 않기 등 기본적인 도덕적 훈련을 받아야 하는 시기다. 성기기는 3~4세로, 자라나면서 부모·형제의 성차에 눈 뜨면서 기본적인 적절한 인간관계 능력이 길러져야 하는 시기다.

정신분석학자 에릭슨E. Erickson은 유아에서 노년에 이르는 그의 유명한 인생 8단계설에서, 좀 색다르게 유아기를 역시 세 단계로 나누었고, 각 단계에서 각각 ① '기본적 신뢰감 대 불신감', ② '자율성 대 수치·의심', ③ '주도성 대 죄악감'이 형성된다고 했다. 생후 1년간 충분한 사랑을 받으면 '이 세상은 믿을 만하다'는 기본적인 신뢰감이 형성되고, 반대로 배고프거나 추워서 오랫동안 울고 보채도 젖도 안 물리고 감싸 안아 주지도 않으면 '이 놈의 세상, 믿을 수 없다'는 불신감이 일게 마련이다.

문제는, 부모를 위시한 사람에 대한 그런 기본적인 신뢰감이 형성되어 있어야 다음 2~3세 단계에서의 힘든 도덕적 훈련도 믿고 달게 받으면 도덕적 '자율성'이 무난히 형성될 수 있으며, 또한 그 기초 위에 4~5세 시절 여러 인간관계에서 능동적으로 행동하는 '주도성'도 형성된다는 점이다. 그렇게 생후 1~2년에 형성되는 세계와 인간에 대한 기본적 신뢰감 또는 불신감은 생애를 두고 그의 정신적 기저에 깔려 있게 된다. '세 살 버릇 여든까지 간다'는 말이 성립된다는 말이다. 후일의 공의식 여하도 거기에 뿌리를 두고 있다고 해야 한다. 인간발달은 앞 시기에서 길러진 특성 위에 뒤의 특성이 형성되어 간다. 앞에서 생긴 결함은 뒤에 여간 강력한 교정의 경험이 아니고는 시정되기 어렵다.

앞에서 주로 유년기, 특히 생후 1년간 영아기에 충분한 사랑과 돌봄이 절대적으로 필요함을 강조한 이유는 사랑의 부실이 현대 산업사회에서는 심각한 문제를 던지고 있기 때문이다.

한국은 약 반 세기 전만 하더라도 대가족 제도가 상례였다. 대부분의 가족이 조부모와 부모와 자녀 3세대가 같은 집에 살고 있었다. 때로는 친척마저도 같은 집이나 인근에 살고 있어서 한가족처럼 지내기도 했다. 하지만 지금은 거의 모든 가정이 외톨이로 떨어진 부부에 아이들이 달랑 매달려 있는 이른바 핵가족이다.

대가족엔 그 나름의 문제가 있다. 그러나 어린아이의 입장에서 보면 엄마 · 아빠가 일보려 외출하고 집에 없어도 자기를 엄마처럼 보살펴 줄 할머니 · 할아버지가 있다는 것이 3세대 가정의 큰 장점이다. 하지만 현대의 핵가족은 할머니 · 할아버지도 집에 없고, 여성 취직이 대세가 되어 엄마도 맞벌이로 낮에는 집에 없어서 아이는 외톨이로 전락한 상황에 놓이게 되는 경우가 많다. 그동안에 아이들은 친히 돌볼 사람 없이 그야말로 '후레자식'으로 자라난다. 아이가 엄마 · 아빠와 같이 지내는 충분한 시간, 즉 **'친자시간'**은 아이의 건전한 지적 · 정서적 · 도덕적 발달에 절대적으로 필요한데, 그 친자시간이 점점 턱없이 희소해지는 것은 이 나라의 내일에 암명을 던진다.

이런 사정에 있는 세계 여러 나라가 그렇듯이 한국도 이런 상황에 대한 몇 가지 대책을 실시해 왔다. 출산휴가제와 육아휴가제가 그것이고, 어린이집 · 유치원의 확장이 그것이고, 공동육아의 시도도 그것이다. 그래도 한 가지 원천적인 문제는 남는다. 그것은 아무리 보모 · 보육교사 등의 '대리모'의 자질이 훌륭하고 자상해도 육친인 엄마의 지극한 사랑과 돌봄을 여실히 대신할 수는 없다는 점이다. 더구나 그 대리모들이 성격적으로 문제가 있거나 육아의 소양이 부족한 경우엔 그것은 비극이다.

영국의 한 아동심리학자는, 모든 직업여성은 아이를 낳은 후 그 아이가 초등학교에 입학하는 6세까지는 직장을 휴직하고 집에 들어앉아 아이를 돌보아야 하며, 직장은 6년 후 복직을 보장해야 한다는 대담한 제안을 했다. 그래도 그 어머니는 6년간의 육아 후에도 자기의 자아실현을 위한 세월은 충분히 남는다고 했다. 그 자신이 그렇게 했던 표본이라고도 했다. 비현실적이고 막대한 예산이 드는 제안이다. 하지만 그 예산은 나라의 미래를 위한 현명한 투자라고 생각할 수도 있다.

여기에 3세대 가족에 관한 두 학자의 주장을 참고할 만하다. 하나는 문화인류학자 미드M. Mead의 강연에서 들었던 주장이다. 그는 다음과 같이 주장했다. 즉, 한 사회의 여러 문화가 별 큰 파탄 없이 계승되고 축적되어 발전해 가려면 '3세대·양성' 간의 친밀한 교호작용이 있어야 한다는 것이다. 다시 말해서, 할머니·할아버지, 엄마·아빠, 아들·딸 사이의 친밀한 인간관계의 경험이 필요하다는 것이다. 반드시 물리적으로 한 지붕 아래에 살 필요는 없지만, 서로 떨어져 있어도 긴밀한 정서적 유대는 있어야 한다고 했다. 아니면 그 사회문화는 각종 대소 파탄을 겪게 마련이라는 주장이다. 예컨대, 집에 할머니가 있으면 새내기 산모가 갓난아이를 어떻게 안고 어떻게 젖 먹이고 어떻게 목욕시켜 주어야 하는지 곧 쉽게 알게 되는데, 할머니가 없으면 그런 일에 한참 동안 서투를 수밖에 없다는 것이다.

또 하나는 이름은 미상이지만 역시 한 문화인류학자의 글에서 읽은 주장이다. 진화론적으로 할머니·할아버지의 진화론적 존재 이유가 있다는 것이다. 즉, 다른 거의 모든 동물은 생식능력이 쇠퇴하면 곧 죽는다. 유독 인간의 노인만 생식기가 끝나도 어르신 대접을 받으며 오래 산다. 그 까닭은 인간의 아이는 탄생 시 몹시 취약하고 성장에도 근 20년의 긴 세월이 걸리는데, 아빠·엄마는 삶을 위해 집을 비우고 산야에서 일을 해야 할 때가 많았다. 그럴 때에 할머니·할아버지가 집에서 아빠·엄마 대신 아이를 포식자로부터 보호도 하고 아이의 여러 가지 필요도 돌보아 줄 수 있는 것이 아이의 생존에 유리했기 때문에 긴 노년기가 진화론적으로 발달해 왔다는 것이다. 하지만 근자엔 할머니·할아버지도 자기 인생의 재미를 찾는다고 손주 돌보기를 기피하는 경우도 많다고 하니, 노년기의 진화론적 필요마저 저버리고 있는 셈이다.

공의식과 관련해서 유년기의 도덕성 발달만이 아니라 청년기까지 좀 더 긴 세월에 걸친 도덕성의 발달도 콜버그C. Kohlberg의 이론을 빌려 간단히 살펴볼 필요가 있다. 간결히 요약하면 그의 도덕성 발달 이론은 다음과 같다. 그는 아이들에게 도덕적 갈등을 야기하는 다음과 같은 여러 문제사태를 제시했다.

'어떤 사람의 부인이 곧 죽을지도 모를 큰 병을 앓고 있다.

그 사람은 부인의 병을 고칠 수 있는 약이 가까운 약국에 있다고 들었다. 그러나 돈이 없어 그 약을 살 수가 없었다. 고민 끝에 그는 부인을 살리기 위해서 밤에 약국을 부수고 그 약을 훔쳐 냈다. 그의 행위가 옳으냐 그르냐? 그 이유는 무엇인가?'

콜버그는 이 같은 문제들에 대한 아이들의 반응을 분석 · 종합해서 도덕성 발달이 3단계, 좀 더 세분해서 6단계를 거친다고 제안했다. 그 3단계는 '관습 이전 도덕성 단계'와 '관습적 도덕성 단계' 그리고 '관습 이후 도덕성'이며, 각각 대충 유년기 · 아동기 · 청년기에 해당한다.

'관습 이전 도덕성'은 다시 두 단계로 진행되며, 도덕적 행위의 이유가 ① '벌이 두려워서'인 단계와 ② '내게 이로워서'인 단계를 거친다. 예컨대, 꾸중이나 매 같은 벌이 무서워서 사람을 때리지 않는 것과 같은 도덕성이 첫 단계고, 내가 과자를 주면 저 아이가 장난감을 빌려 줄 것이라는 수단적인 생각으로 과자를 주는 선행을 하는 경우가 다음이다. '관습 이전'이란 아이가 아직 사회의 도덕적 관습에는 눈 뜨지 않고 있는 자기중심적 사고의 단계라는 뜻이다.

'관습적 도덕성'은 주변 현존 사회의 도덕적 관례에 동조하는 단계며, 둘로 나뉘어 ③ '인간관계의 조화'를 위한 도덕성 단계에 ④ '법질서 준수' 단계가 이어진다. 예컨대, 하나는 싸우지 않고 서로 좋게 지내기 위한 도덕성이고, 또 하나는 집단질서를 유지하기 위한 여러 규칙과 법을 군말 없이 지키는 도덕성이다.

'관습 이후 도덕성'의 청년기에 이르러서는 ⑤ 법을 준수하되 그

입법의 기초되는 자유 · 평등 · 정의 등의 이념의 타당성도 생각하서, 법을 그런 이념에 의한 '사회계약'으로 보는 단계와 ⑥ 현존 사회의 법을 넘어 모든 인간사회에 적용되어야 하는 어떤 보편적 원리에 입각한 도덕성을 생각하여 행위하려 하는 단계다. '최대다수의 최대 행복'을 주장하는 공리주의적 사고는 전자에 가깝고, 칸트의 유명한 '너의 행위가 보편적 입법일 수 있도록 행위하라'는 도덕성은 후자다. 자비 · 인 · 사랑도 이런 도덕성에 든다.

이렇게 간단하게나마 콜버그의 도덕발달 단계설을 음미해 본 이유는 도덕성의 발달이 자기중심주의적 도덕성에서부터 현존 사회의 도덕적 관습을 묵수하고 거기에 순응하는 도덕성을 거쳐 마침내 현존 사회의 인습을 초월하는 도덕성에 이르는 '정신적 윤곽' 내지 공의식의 확장을 의미하기 때문이다.

18. 지도층의 문제

앞의 창의력에 관한 논의에서, 창의·창조의 출현에는 창의자 '개인'의 소질도 관계는 되지만, 그보다는 창의자 주변의 가정·학교·직장인 '장'과 여러 문화'영역'과 사회 전반의 '문화'에 창의를 배양하는 정신적인 풍토가 있어야 하고, 그런 정신풍토의 조성은 거의 결정적으로 현장과 영역과 사회의 지도자들의 행태에 달려 있다고 결론지었다. 여기에서 우리는 그런 지도자들의 역할이 층층의 공의식 형성에는 더욱 절실하고 더 결정적이라는 사실을 다시 강조하면서 부연도 해야겠다.

1960년대 중반 한국군이 베트남전쟁에 참전하고 있던 시절에 나는 한 퇴역장군과 간담을 가진 적이 있다. 그 장군의 말에는 옛날 한국전쟁 때 숱한 전투를 겪었다는 백전노장답게 경청할 만한 이야기가 많았다. 때마침 국내에서 부정선거 시비로 시국이 어지러웠고, 몇몇 대형 부정부패 사건으로 민심이 흉흉한 때였다. 그때 그는 이런 말을 토해 냈다.

"선생님! 이런 부정선거나 정계·경제계의 부정부패 사건은 정치적·경제적 문제이기 전에 근본적으로 국가 안위에 관한 국방의 문제입니다. 지금 월남에서 싸우고 있는 국군장병들이 목숨을 걸고 싸우고 있는 자기의 나라가 지도층이 부정선거와 부정부패를 일삼는 나라라면 애국심이 솟아나겠습니까? 전투의 사기와 의욕도 그만큼 떨어질 것이 아니겠습니까? 지도층의 부정부패는 국가 안보에 직결되어 있는 문제입니다."

나는 그의 말을 수긍할 수밖에 없었다. 그의 말은 즉시 내게 조선왕조 말기 지도층의 부패상이 망국의 한으로 이어졌던 사실을 상기하게 했다.

각계 지도층의 어지러운 정쟁과 빈번한 부정부패 사건들은 국정의 효능을 저하시킬 뿐만 아니라 국민의 애국심, 공의식의 형성에 심각한 악영향을 던진다. 여간 기질적인 애국심의 소유자가 아니면 '썩어 있고 싸움판'인 나라에 애국심을 견지하기가 어려워진다. 겉으로는 '대~한민국'을 외쳐도 유사시엔 애국심이 무산되고 만다. 또한 지도층은 그 나름으로 '출세'한 위치에 있기 때문에 사람들 눈에 잘 띄는 사회적 가시성이 높고, 그들의 행태는 좋건 나쁘건 부지불식간에 '아래' 사람들이 모방하게 된다. 위가 썩으면 아래도 썩고, 위가 싸우면 아래에서도 싸우게 된다.

알다시피 '노블레스 오블리주noblesse oblige'는 서양에서 예부터 지도층인 귀족들의 마음가짐을 규정한 '귀한 자는 의무가 있다'는 말이다. 귀한 자는 권세를 누리기는 하지만, 유사시에는 전장에서 목숨을 던질 각오를 해야 할 의무가 있을 뿐만 아니라, 평상시에도 유능한 업무수행과 동시에 정직·신의 등 명예를 지키고 예의바르고 품위 있는 몸가짐으로 사람들의 모범이 되어야 할 의무도 지닌다는 뜻이 포함되어 있다.

각계각층의 지도자에겐 그의 의무수행에 필요한 응당한 권력과 금력이라는 권세가 따르게 마련이다. 하지만 의무수행 자체보다 그에 따르는 권력과 금력이 더 관심사라면, 그 정도에 따라 의무수행은 제쳐놓고 극심한 당쟁·정쟁만 일삼고 잦은 부정부패를 자행하게 된다. 그리고 그에 따라 국민의 공의식·애국심도 저하하게 된다.

지도자에 따라 의무수행에 노심초사하는 의무의식이 더 강한 사람이 있고, 반대로 권세를 누리는 일에 더 집착이 강한 사람이 있다. 나는 전자를 의무지향적인 '이순신 장군형'이라고 부르고, 후자를 권세지향적인 '변 사또형'이라고 이름 지어 본 적이 있다.

내가 가끔 외워 보는 이순신 장군의 "물나라의 해는 기울고 / 추위에 놀란 기러기들 진 위를 날아간다 / 나라 걱정에 잠 못 이루는 밤에 / 서릿발 같은 달이 궁도弓刀를 비치고 있네"라는 시가 있다. 외울 때마다 우국충정에 넘치는 장군의 의무의식에 숙연해진다. 그 반대는『춘향전』에 나오는, 권세만 탐하는 변 사또형이다.『춘향전』이 한국인에게 그렇게 인기가 있는 이유는, 춘향의 아름다운 수절과 이도령의 당당한 귀환에도 있겠지만, 고약한 변 사또가 결국에는 당하는 징벌에 사람들이 후련함을 느끼는 데에도 있다고 생각된다. 옛날 고을의 원님들에겐 변 사또형이 많았기에 춘향전에도 그런 사또가 등장한 것이 아닌가 하는 생각도 곁들여진다.

문제는, 지금 우리나라 각계 지도층에 이순신형이 많은가 아니면 변 사또형이 더 많은가에 있다. 그 답이 그리 낙관적이 아니라는 것이 내 느낌이다. 일제강점기 초기에 김기전이라는 분이 당시 세태를 개탄하면서, 사람들의 권세욕이 하도 심해서 관청의 우두머리들은 물론 그 사환들까지도 자신의 쥐꼬리만한 권한을 이용해서 탐욕을 채우려고 한다고 한탄했는데, 지금의 세태에도 옛날 변 사또의 암영이 여기저기에 어른거리는 것만 같다.

현대사회의 각계각급 지도자 자질에는 몇 가지 요건이 있다. '지도자의 요건'에 관한 여러 제안이 있지만 나는 다음 다섯 가지 요건이 필수적이라고 믿는다.

첫째는 넓은 '교양'이다. 교양을 앞에서 거론한 토크빌의 '도덕적·지적 역량'이라 해도 좋고, 애몬드와 버바의 '인문과 과학의 융합'이라 해도 좋고, 또는 김우창 교수가 말한 '사회문제의 내면화'라 해도 좋다. 혹은 오래된 용어로 '학덕學德'이라고 해도 좋다. 그런 교양은 현대사회에서는 주로 각급 학교교육에서 길러져야 한다. 교양은 지도자의 시야를 넓혀 주고 그의 사고를 유연하고 깊게 해 준다. 그런 교양만 넉넉하다면, 국회의원들이 걸핏하면 내뱉는 막말이나 의사당에서의 난투극 또는 망치로 문의 자물쇠를 때려 부수는 만행은 없을 것이고, 하루가 멀다 하고 드러나는 잦은 부정부패 사건도 드물어질 것이다. 한 신문논단의 필자는 정·관계 비리는 현 지도층 대부분이 1970년대 학생시절 '운동권 아니면 고등고시'로 소일하고 학업을 소홀히 한 세대이기 때문이라고 했는데, 그것이 그리 황당한 이야기만은 아닐 것 같다.

둘째, 지도자에겐 '꿈'이 있어야 한다. 그 꿈은 그의 개인적 야망이 아니라 소속집단의 앞날을 위한 어떤 이상을 향한 꿈이다. 그런 꿈은 지도자에게는 의무감·사명감을 품게 하고, 집단성원들에게는 업무의 목적의식과 동기를 일깨워 준다. 박정희 대통령은 나라의 빈곤으로부터의 탈출이 그의 끈질긴 꿈이었다. 꿈에 부수되어야 할 또 하나의 요건은 그 꿈을 집단성원에게 끈기 있게 호소하며 그 실천적인 뜻을 소상히 밝히고 설득하는 일이다. 지도자의 행위는 20%만 결제와 명령이고 80%는 그런 호소와 설득이라야 할 것이다.

셋째, 지도자는 집단성원들에게 '믿음성'을 주어야 한다. 그의 언동이 일관성 없이 이랬다저랬다 하는 것은 마치 집 기둥이 이리저리 흔들거리는 것처럼 성원들에게 방향의식을 잃게 하고 불안에 사로잡히게 한다. 지도자에게 일구이언은 절대 금물이다. 물론 지도자도 시대의 변천에 따라 소신을 수정해야 할 때가 있다. 그럴 때에도 자신의 중핵적 신조만은 변함이 없어야 한다. 사태의 변천이 그런 중핵마저 바꾸어야 할 지경에 이르면, 옛 어떤 정승처럼 새 임금이 정 뜻에 맞지 않아 그의 만류에도 불구하고 벼슬을 버리고 훨훨 재야로 돌아간 예를 따라야 한다.

넷째, 지도자에겐 '도량'이 있어야 한다. 유능한 지도자는 휘하에 동향·동창·동문의 인물만을 선호하지는 않는다. 도리어 그는 자기와는 배경이 같지 않은 다양한 배경의 인물을 포용하고 통솔할 수 있는 넓은 도량이 있고, 그런 다양의 종합에서 참신한 아이디어도 창출되기를 기대한다. 때로는 자신의 비판자나 한때의 적도 포용하는 도량도 있다. 그는 애당초 각종 배타적인 파당을 싫어하기 때문이다.

지도자에게 도량이 있어야 할 또 하나의 이유가 있다. 지도자는 그에게 주어진 권한으로 독자적인 판단에 따라 자신의 책임으로 결정을 내려야 할 경우가 많다. 그런 사항 중에는 사소한 것도 있지만, 때로는 그 결정 여하가 중대한 결과로 이어질 수 있는 심각한 사항도 있다. 이런 심각한 사항에 처해서 독자적 결정을 내리는 데에는 그만큼의 책임을 각오해야 하는 용기와 도량이 필요하다.

모든 독자적 결정에는 독자적인 책임이 따른다. 그런 독자적 결정은 두렵고 '외로운' 결정이다. 그런 외로운 결정사항은 조직 상부의 지도자일수록 더 많아지고 더 심각해진다. 이 점에 비추어 한 나라에서 제일 고독한 지도자는 대통령이다. 그는 자기 결정이 가져올 결과의 책임을 아무에게도 미룰 수 없는 위치에서 고고하게 그 결정을 내려야 하기 때문이다.

제2차 세계대전 말기에 미국의 트루먼H.S. Truman 대통령은 체구도 그리 훤칠하지 않고 연설도 큰 감동을 주지 못하는 평범한 대통령이었다. 그러나 그는 미국 굴지의 위대한 대통령으로 꼽힌다. 세 가지 어려운 고고한 결정을 내렸기 때문이다. 하나는 제2차 세계대전 말기 일본에 원자탄 투하, 둘째는 한국전쟁 참전, 셋째는 대통령 명령을 어긴 미국의 영웅 맥아더 장군의 파면이다. 다 반향이 크고 심각할 수 있는 사항들이었다. 물론 그는 주변 참모들의 의견을 종용하고 참고했을 것이다. 하지만 최종 결정은 자신의 고고한 책임이다. 만일 책임을 참모들에게 미룬다면 그는 지도자가 아닌 괴뢰일 뿐이다. 그러므로 지도자에게는 넓은 포용과 두둑한 용기의 도량이 있어야 한다.

끝으로 우리나라의 지도자 충원 과정을 반성해 볼 필요가 있다. 지도층 인사들이 어떤 과정을 거쳐 지도층으로 발탁되고 충원되고 있느냐라는 문제다. 우리나라에서 대학입시 특히 세칭 일류대학 입시가 그 첫째 관문이고, 이어 입사고시·공무원고시·사법고시가 다음 관문이다. 이 모두는 옛날 출세의 관문이었던 과거제도의 유습이다. 이런 고시들은, 기업체 입사고시에 가끔 예외는 있지만, 대개는 거의 일률적으로 종이 몇 장의 필답시험에 의한 고시다.

Ⅲ부에서 세론하겠지만, 이런 필답고시에 의한 지도층 후보 선발은 지도자에게 필요한 지적 역량은 측정할 수 있을지 모르나, 그의 정서적·도덕적 자질은 전혀 평가하지 못한다는 결정적인 결함이 있다. 영리한 자를 뽑을 수 있을지 몰라도 부정과 부패의 후보자는 가려내지 못한다. 사서삼경이나 법 조항을 달달 외우고 번지르르한 글을 지어낸다고 그것이 지도자에게 필요한 정서적·도덕적 자질을 검증할 수 있는 자료는 되지 못한다.

게다가 지적 역량 자체도 그것을 추정하려는 필답고사가 측정・평가이론에 따라 여간 정교하게 연구・제작된 것이 아니면, 제2부에서 논의한 사고력・창의력 등 고등정신 능력을 재지는 못하고, 대부분 잡된 지식・정보의 기억인 하등정신과정의 우열만을 측정하게 된다. 현대의 지도자 충원과정은 필답고시 위주에서 벗어나야 한다.

또 하나 거론되어야 할 문제는 이른바 '영재교육'의 문제다. 그 주장인즉, 지도자 후보인 영재들을 선발해서 따로 영재반・영재학교에 수용해서 특별 프로그램으로 장래의 지도자를 길러 내자는 주장이다. 나는 이런 주장에 몇 가지 이유에서 동의하지 않는다. 첫째, 그들이 말하는 이른바 '영재'는 지도자의 자질이 아니라 잡지식을 기억하는 능력의 소유자일 뿐이고, 둘째, 그런 인물은 사회의 문화창조와 복지증진에 기여할 인물이기보다는 개인적 출세・치부에 그치기가 태반이다. 셋째, 참된 지도자적 자질은 보통의 학교에서 여러 계층의 아이들, 예컨대 잘사는 재벌의 아들, 가난한 노동자의 딸, 의사・군인・학자・음악가의 아들 딸, 공부 잘하는 아이와 잘 못하는 아이들 등 다양한 배경의 아이들과 같이 생활하는 경험에서 사회의 다양한 집단의 문제를 이해하고 거기에 감정이입할 수 있는 폭넓은 지도자로서의 시야가 길러진다.

따라서 나는 보통의 초・중등학교가 도리어 지도자의 자질 함양에 더 적합한 풍토라고 믿는다. 다만 문제는 보통의 학교교육이 입시준비 교육이 아닌 '정상적'인 교육이어야 한다는 점이다. 그 논의는 제3부로 이어진다.

제3부 한국교육의 개조

2015년 봄 인천에서 세계 수십 개 국가의 교육계 중진들이 대거 참석한 국제회의가 있었다. 신문보도에 따르면, 그 주제의 하나는 한국의 경이적인 경제발전·정치발전의 큰 원동력이 교육이었으니 한국교육의 면모를 배우자는 것이었다. 한국의 주제 발표자도 한국사회의 높은 교육열, 정부의 적극적인 교육지원, 고등교육으로 양성된 높은 자질의 교사 등을 다른 발전도상국가들이 참고할 만한 한국교육의 특징이라고 발표했다.

나도 지난날 한국교육이 한국의 비약적 발전의 큰 원동력이었다는 견해에는 전적으로 동의하고, 거기에 발전도상국가들이 참고할 만한 사항들이 있을 것이라는 생각에도 찬성한다. 하지만 내가 주제발표를 했다면, 말미에 단 두 가지만은 배워 가지 말라는 충고를 덧붙였을 것이다. 하나는 한국교육이 극심한 잡식雜識기억주의 교육으로 사고력·창의력 등 고등정신능력의 교육은 자리 잡지 못하고 있다는 점이고, 또 하나는 학교교육을 사적인 출세·치부의 수단으로 간주하고 있을 뿐 공익·공리를 깊이 생각하는 공의식의 함양에는 별 관심이 없다는 점이다. 후진국에서 중진국으로 발돋움하려는 발전 초기단계에서는 그런 교육으로도 발전의 원동력이 될 수 있으나, 다시 선진국으로 비약하려는 계속적인 발전에서는 그런 교육이 장애가 될 수 있다는 것도 부언했을 것이다.

19. 입시제도의 개혁

거의 모든 사람이 개탄하듯이, 한국교육의 고질적 암은 일류대학 입학을 위한 입시준비교육이다. 그 때문에 온갖 병폐와 더불어 사고력·창의력의 교육도, 공의식의 교육도 설 자리가 없다. 그런 교육은 내일의 한국의 진로를 어둡게 하는 암운의 원인이 될 수도 있다.

하지만 아무리 오랜 세월 지속된 고질적인 암일지라도, 아무리 역대 정권들이 여러 가지 대책으로 개선을 시도했는데도 거의 다 실패했더라도, 또 아무리 그 암의 뿌리가 옛날 과거제도까지 거슬러 올라가는 것이라 해도, 한국의 내일을 생각한다면 우리는 그 병질을 기필코 극복해야 한다. 나는 그 방도는 있다고 믿는다. 다만 우리에게 심기일전의 정신적 전환이 필요할 뿐이다. 우선 참고로 내가 자주 예로 드는 미국 하버드 대학교의 입학전형 방법부터 살펴보자.

미국 하버드 대학교의 입학전형 방법은 1960년대 말경 한 역사학 교수의 제안으로 획기적인 변혁을 이룬다. '인류와 세계의 역사가 필요로 하는 인물은 공부만 잘하는 사람이 아니다'라는 간명한 전제 하에 그가 제안한 입학전형방법은 다음과 같다. 즉, 지원자가 제출하는 여러 자료를 검토해서 ① 학업성취도만이 아니라 ② 스포츠 성취도와 ③ 과외활동 실적과 ④ 성격의 성숙도를 각각 굵직하게 6단계로 평점을 매긴 다음, 그 평점들을 동등한 무게로 합산해서 당락을 결정하는 방법이었다. 내가 1985년경 그 대학 입학처를 방문했을 때에는, 이제는 합산도 하지 않고 각 평점들은 그저 참작하면서 입학사정위원회의 주관적 판단에 의한 합의로써 당락을 결정한다고 했다. 대학이 입학 지원자에게 참고로 건네주는 입학지원 설명서의 첫머리에도 '우리는 숫자 놀이는 하지 않는다'는 말이 적혀 있었다. 즉, 입학전형에서 점수나 그 합산에 얽매이지 않는다는 말이다.

학업성취도의 평가는 물론 대학의 교육과정을 충분히 소화해 낼 수 있느냐를 따지는 일이다. 스포츠 성취도는 스포츠 능력이나 건강보다는 스포츠에서 길러지는 규칙 준수, '페어플레이'의 습성, 협동심과 단결심, 패배에 의연하고 승리에 겸손한 특성 등을 평가함이라고 했다. 과외활동 실적은 호기심과 탐구정신의 왕성함을 추정하려는 것이고, 성격은 주로 사회적 사명감과 책임감 그리고 지도력을 평가함이었다고 했다. 따라서 학업성적은 최상급이 아니라도 고등학교 시절 아이스하키 선수였든지, 학생회장이었든지 또는 어떤 시집을 펴냈다든지, 합창부 부장이었든지, 미술전에 입상했든지 하면 입학에 결정적으로 유리하다.

그래서 하버드 대학교엔 공부만 잘한다고 들어갈 수 있는 것은 아니다. 지망생 중 학업성적이나 SAT(수능고사)에서 1~2등은 낙방하고 5~10등이 입학허가를 받는 경우가 비일비재하다. 이런 이야기도 있다. 한국에서 이민 간 어떤 부모가 아들을 하버드 대학교에 입학시키려고 가정교사까지 동원하면서 고등학교 3년을 내리 1등으로 뽑아내게 했다. 그래서 하버드 대학교 입학은 따 놓은 당상으로 여겼는데, 통지는 낙방이었다. 그 부모는 그럴 수 있느냐고 입학처에 따지러 갔다. 대답은 '당신의 아들은 공부는 참 잘한다. 그러나 하버드 대학교는 공부벌레를 찾는 대학이 아니다. 장차 이 나라의 지도자가 될 인물을 기르려는 곳이다. 당신 아들은 스포츠 하나 할 줄 아는 것도 없고, 음악·미술 등의 취미도 없고, 헌혈 한 번 한 적도 없다. 하버드 대학교는 그런 학생을 원하지는 않는다'였다. 미국의 많은 대학이 하버드 대학교의 이런 입학전형 방법을 택하고 있다고 한다.

이와 같은 입학전형 방법에는 두세 가지 특징이 있다. 첫째, 근본적으로 지식만 평가하지 않고, 지·정·덕·체를 종합적으로 추정하는 '전인평가'이며, 그런 전인평가를 통과하려면 다음 항에서 논의할 '전인교육'으로써만 가능하다는 점이다. 둘째, 그런 전인평가는 필연 측정 오차가 심한 각종 시험점수에 집착하는 사이비 '정량적' 판단을 넘어, 숫자·수량은 참고로 여길 뿐, 평가하려는 특성 자체의 '정성적' 판단을 중하게 여긴다는 점이다. 셋째, 그런 판단은 주로 여러 자료를 종합하는 '계몽된 주관'에 의해서 내린다는 점이다. 나는 한국의 대학들, 특히 세칭 일류대학들이, 그리고 우리나라의 각종 인사선발고시들이 이런 전인평가로 방향을 전환한다면 한국교육은 큰 전환의 계기를 맞이할 것으로 믿는다.

물론 그래도 입시경쟁은 남는다. 하지만 그런 경우의 경쟁은 잡식기억 경쟁이 아니라 인간과 사회의 격조를 높이기 위한 지·정·덕·체의 경쟁인 셈이기 때문에 도리어 바람직한 경쟁이다. 그리고 가정경제를 위협하는 학원과외도 학원이 '지'는 도울지 몰라도 아마도 '정·덕·체'를 교육할 수는 없을 것이기 때문에 자연 쇠퇴의 길에 들어설 것이라는 예상도 할 수 있다.

그런 전환이 어려운 까닭은 다음에서 논할 전인교육사상이 미흡한 까닭도 있지만, 사람들의 '숫자 맹신'과 '주관 불신'의 습성이 지나치게 집요하다는 데 있다.

우리에겐 '숫자 맹신'이 아주 끈질기다. 숫자만 보면 그것을 곧 사실적이고 객관적이고 믿을 수 있는 실제를 나타내는 것으로 생각하는 버릇이 있다. 마치 바구니에 사과가 10개면 10개지, 그것이 8개나 12개로 둔갑할 수 없다고 믿는 것처럼, 어떤 필답고사의 점수가 90으로 나왔으면 그것은 틀림없이 90이지 그것이 실은 80 또는 120일 수도 있다는 생각은 안 한다. 그러나 측정치를 나타내는 숫자는 실은 아주 오차범위가 큰 속임수인 경우가 많다. 나는 가끔 아침에 혈압을 재는데, 하루는 높은 혈압이 140으로 나왔다가 사흘 후에는 130으로 나오고, 같은 아침에 두세 번 재면 130, 140, 125로 종잡을 수 없게 나온다. 내 혈압이 변덕인지 혈압계가 변덕인지는 모르지만, 그만큼 모든 측정치 숫자는 실은 그대로 믿을 수 없는 숫자다.

흔히 학기말고사, 수능시험, 지능검사의 점수도 사과의 수처럼 따로따로 똑 떨어진 엄연한 객관적인 숫자로 보이지만, 실은 시험문제를 어디에서 어떤 내용을 어떤 형식으로 내고 어떤 방법으로 채점하느냐에 따라 큰 폭으로 변덕을 부리는 속임수 점수들이다. 측정통계에서 말하는 이른바 '측정의 표준오차'가 실망스러울 정도로 넓은 숫자들이다. 예컨대, 수능시험 점수 200점이 실은 150점일 수도 있고 250점일 수도 있다. 그런 속임수가 많은 수치를 합산하는 것만으로 당락을 결정하는 것은 도리어 비과학적인 미신이라고 해야 한다.

애당초 인간의 지능·능력·성격 등은 필답고사처럼 100단계, 200단계 등으로 '의미 있게' 세분할 수 있는 특성이 아니다. IQ100과 110의 차이는 실제 행동에서 별 차이가 없다. 지능의 경우도 대개는 머리가 '아주 나쁘다—좀 나쁘다—보통이다—좋다—아주 좋다'의 5단계면 족하다. 가끔 채점방법에 따라 소수점 이하까지, 예컨대 75.50과 75.25가 나오면 그것으로 우열·당락을 판정하는 경우를 보는데, 그것은 거의 광신에 가까운 숫자 맹신이다. 앞서 든 하버드 대학교 입학전형에서는 학력평가는 6단계의 평점으로 크게 분류하면 되고 나머지는 다른 특성들을 전형에 참작하는 것이 지도자 자질을 선발하는 데 더 적정하다는 사고가 깔려 있는 셈이다. 경쟁력의 단계를 정하는 바둑·유도·검도에서도 아마 10급에 프로 10단으로 많아야 20단계다. 그래도 6급이 3급을 이기고 4단이 2단에 지는 경우가 생긴다. 한국교육의 입시지옥을 해소하려면 우선 시험점수의 맹신에서 벗어나야 한다.

또 하나 벗어나야 할 것은 인간평가에서의 '주관 불신'을 불식해야 하는 문제다. 모든 인간평가는 근본적으로 주관적 판단이다. 객관식 시험도 채점의 합의도를 높이기 위한 출제 형식일 뿐이고, 어디에서 어떤 내용의 문제를 어떤 형식으로 출제하느냐는 크게 출제자의 주관에 따라 결정된다. 출제자가 바뀌면 객관식 시험의 내용도 채점결과도 크게 달라진다. 객관식 시험도 실은 주관적 시험이다.

우리는 애지중지하는 귀여운 딸의 신랑감을 고를 때, 무슨 시험으로써 선정하지는 않는다. 대학에서 신임교수를 선정·채용할 때에도, 괴짜 대학이 아닌 이상 시험를 보게 해서 뽑지는 않는다. 여러 가지 정보와 자료를 참고는 하되, 결국엔 부모 또는 선발위원들의 주관적 합의에 따라 선정한다. 대학생 선발이 꼭 예외일 필요는 없다.

물론 이런 주관적 판단에는 자칫 사私가 낄 우려는 있다. 가정할 수 있는 가장 나쁜 '사'는 그런 기회를 이용해서 뇌물을 수수하는 경우다. 그것은 발각되면 형사 징벌이 마땅한 대상이다. 그다음의 '사'는 그저 사사로운 인연과 정에 끌리는 '사'다. 올림픽 피겨스케이팅에서도 심판이 자국 선수에겐 후한 점수를 주는 경우가 있다. 그런 '사'는 8~10명 심판의 합의제로 걸러 낼 수 있다. 그다음 '사'는 심판의 편견이나 무식에서 오는 '사'다. 이런 '사'는 심판의 전문적 역량을 확보하고 주관적 채점의 기준을 상세히 정의하여 극복할 수 있다.

주관적 평가가 평가이론이 요구하는 객관도·신뢰도·타당도를 만족시키려면 주관적 평가자가 전문적 식견과 경험과 통찰력이 종합된 '계몽된 주관'으로 평가할 수 있어야 한다. 모든 전문직 교육 내지 훈련은 그런 계몽된 주관을 기르기 위한 프로그램이다. 의사의 진단과 처방도 많은 검사결과를 참작하지만 궁극적 판단은 그렇게 길러진 계몽된 주관에 의해서다. 우리는 인간평가에서 주관적 판단·평가를 기피하지도 말고 두려워하지도 말아야 한다. 대학입학 전형도 예외는 아니다. 어차피 인간평가는 주관적이기 때문이다. 다만 계몽된 주관일 것이 요망될 뿐이다.

또 하나의 문제로 인간사의 주관적 평가에서는 평가자와 피평가자의 상호 신뢰가 형성되어 있어야 한다는 점을 간과할 수 없다. 피평가자는 평가자의 역량과 도덕성을 믿을 수 있어야 하고, 평가자는 피평가자가 제공하는 자료와 언행에 속임수가 없음을 믿을 수 있어야 한다. 이런 사회 신뢰가 희박하면, 자연 사이비 객관성과 신뢰성이 있어 보이는 숫자 맹신에 집착하게 된다. 그런 상호 신뢰의 부족이 입시개선의 장애일 수도 있다는 것이 우리의 현실인 것만 같다. 이러고 보면 인간의 전인적이고 주관적인 평가는 앞에서 거론한 사회적 신뢰라는 도덕성 문제와도 연결되어 있다고 해야 한다. 점수 맹신, 객관 맹신은 저신뢰 사회를 상징하는 셈이다. 여하튼 어떻게든 한국의 대학입시제도는 크게 바뀌어야 한다. 그러기 전에는 창의력 교육도 공의식 교육도 옴치고 뛸 수 있는 자리가 생기지 않는다.

20. 전인교육의 결단

　이런 학교가 있었다고 상상해 보자. 오늘의 중학교와 고등학교를 합친 격인 한 중등학교다.

　우선 그 학교는 다양한 교과목의 수업을 규정대로 충실하게 가르쳤다. 국어 · 수학 · 영어 · 한문, 역사 · 지리, 물리 · 화학 · 생물, 음악 · 미술, 농업, 체육 등이다. 국어시간엔 강독만 아니라 작문도 자주 짓고 그것을 선생님의 빨간 펜으로 자주 교정도 받았다. 지리나 역사시간엔 대형지도와 사진들이 흥미를 돋았다. 물리 · 화학 · 생물 수업은 반 이상이 실험이었다.

　음악시간엔 합창만 아니라 여러 가지 악기를 연주해 보기도 하고, 특히 오르간 연주는 필수였다. 그 성적이 좋으면 피아노 연습의 특전이 주어졌다. 미술시간엔 수채화가 주가 되었지만 동양화도 그려 보고, 자기가 살고 싶은 집의 설계도를 건축가처럼 제도해 보기도 했다. 먹을 갈고 붓으로 한자 쓰기를 연습하는 습자시간에는 으레 선생님이 책상 사이를 돌아다니며 학생들이 쓴 글씨를 빨간 붓으로 교정해 주었다. 공작시간에는 톱 · 대패 · 끌 등 목공도구로 필통도 만들고 책꽂이도 만들어 보았다. 일주일에 하루 오후에는 교외에 있는 학교 농장에 가서 씨 뿌리고 김 매고 비료도 주면서 갖가지 농사도 지었다. 그런 후 손을 씻고 학교에 돌아와서 피아노 앞에 앉아 리스트의 '광상곡'을 연습하기도 했다. 그런 대조적인 활동이 내게도 희한했다. 체육시간엔 배구 · 농구 · 테니스 · 야구 · 럭비 · 수영 · 스케이팅을 배울 기회가 있었고, 검도 · 유도는 매주일의 수업만 받아도 5학년쯤엔 다 1급의 실력에 이를 수 있었다.

그 학교엔 이 같은 수업과 학습을 할 수 있는 시설 · 설비 · 기구들이 풍부했다. 교실 외에 물리화학실 · 박물실 · 음악실 · 공작실 · 유도장 · 검도장은 제각기 다른 건물이었고, 미술실도 따로 있었다. 운동장은 400미터 트랙에 둘러싸여 넓었고, 배구장 · 농구장 · 테니스 코트는 따로 있었다. 수영장은 길이 25미터 너비 10미터쯤이었고, 겨울이면 2층 건물 뒤 그늘에 스케이트장도 만들어 놓았다. 교외엔 3, 4만 평쯤 되는 학교 농장이 있었다.

특기해야 할 사항은 방과 후의 활발한 과외활동이다. 모든 학생은 1학년 2학기부터 여러 '운동부' 중에서 하나를 골라 방과 후 운동연습에 동참하는 것이 거의 의무적이었다. 배구부 · 농구부 · 야구부 · 테니스부 · 육상부 · 수영부 · 럭비부 · 아이스하키부 · 유도부 · 검도부 등이다. 글라이더부도 있었다. 각 운동부에서는 상급 학생이 후배의 코치였다. 5년 쯤 후엔 프로급에 가까운 실력자가 되는 학생도 많았다. 나는 운동부로 테니스부와 아이스하키부 그리고 주말에 비행훈련을 하는 글라이더부를 택했다.

　운동부 외에 거의 모든 교과목에 해당하는 '과외활동부'가 있었다. 문학부·지리역사부·물리화학부·생물부·미술부·음악부·공작부 등이다. 이들 과외활동부는 의무는 아니지만 많은 학생이 자유롭게 자기 취미에 따라 부원이 될 수 있었다. 나는 물리화학부에 들었다. 각 활동부에서는 방과 후에 고학년·저학년 학생들이 소집단으로 모여 여러 '연구활동'을 진행했다. 예컨대, 물리화학부에서는 방과 후에 같이 물리학·화학실험도 해 보고, 자연과학의 신간서적을 읽고 논의도 벌였고, 모르는 것은 선생님께 물어보기도 했다. 각 부의 상급생에게는 특권도 주어졌다. 예컨대, 물리화학부에서는 선생님의 허락 없이도 마음대로 실험기구나 화학약품을 쓸 수 있었다. 밤중에 물리실에 있는 묵직한 천체망원경을 꺼내서 운동장 한가운데 놓고 밤이슬을 맞아 가며 목성·토성도 관찰할 수 있었다. 미술부에서는 유화로 작품을 그릴 수 있었고, 공작부에서는 철공기계도 쓸 수 있었다. 미술부 상급생 중에는 이미 미술 전람회인 국전國展에 입상하는 학생도 나오고, 음악부에서는 쇼팽의 '환상곡' 같은 꽤 어려운 곡으로 소규모 리사이틀을 열 수 있는 학생도 있었다.

　학생 전체가 참여하는 과외활동도 많았다. 운동회도 있었고, 서울에서 인천까지 뛰는 마라톤대회도 있었고, 대천 바다에서 5,000미터 원영대회도 있었다. 식목일에는 산에서 묘목 심기, 모 내기 철에는 논에서 모 심기, 겨울에는 전교생이 산을 둘러싸고 올라가면서 토끼몰이 사냥을 하기도 했다. 일 년 중 제일 추운 1월 20일경 1주일간

영하 15~20도 되는 새벽에 유도와 검도로 내한훈련하기도 그 예다.

짐작이 가겠지만, 물론 이 이야기가 상상은 아니다. 일제강점 말기에 내가 다니던 8년제 초등교사 양성기관이었던 경성사범학교의 중등학교에 해당하는 예과 5년간의 경험이다. 비록 일제강점하의 교육이었지만 군국 제국주의적 색채만 무시한다면 그 교육은 폭넓은 다양한 경험을 제공함으로써 지·정·덕·체가 어우러진 발달을 겨냥하는 전형적인 전인교육이었다고 나는 회고한다. (다만 지금에 와서 회고해 보면, 교과목에도 과외활동부에도 정치·경제·법 등 사회과학에 관한 것은 거의 없었다. 군국·제국주의 시대였던 당시엔 비판정신을 부추길 수 있는 그런 공부는 금기사항이었을 것이다.) 지금도 일본이나 미국의 대표적인 중·고등학교에서는 그런 전인교육체제를 모범으로 해서 운영되고 있다. 아마도 이와 흡사한 전인교육체제로 운영되고 있는 한국의 중·고등학교는 아직도 아주 드물다는 것이 우리의 문제다.

우리 교육법에도 전인교육 이념은 천명되어 있고, 법정 교과과정 구조도 그 이념을 반영하고는 있다. 그러나 교육의 실제, 특히 중등교육의 현실은 그 이념과는 너무 거리가 멀다. 학습의 실질적 비중은 이른바 국·영·수에 치우쳐 있고, 체육과 예술교육은 불모지에 가깝고, 특히 과외활동은 거의 전무한 상태다. 제일 큰 맹점은 다양한 경험을 제공하기 위한 충분한 시설·설비·기구가 전인교육을 실시하기에는 턱없이 빈곤하다는 현실이다. 교육법의 정신과 교육시설은 극심한 괴리상태에 있다. 하기는 입시준비 위주의 잡식기억주의 교육엔 그런 시설은 별 필요가 없는 셈이다. 따라서 학생도 교사도 부모도 행정당국도, 학교에는 수영장이나 천체망원경 따위는 필요 없고 그런 시설은 학교 밖의 상업용 시설을 제가 알아서 제 돈 내고 쓰면 되고, 학교에는 교실·책걸상·흑판에 백묵만 있으면 된다는 생각이 거의 고정관념이 되어 있다. 그러나 그런 학교 밖의 상업용 시설은 여러 가지 형편으로 접근하기 어려운 학생들이 많다. 정말 우리가 창의력과 공의식을 포함하는 지·정·덕·체를 함양하기 원한다면 이런 상황을 반드시 바꾸어야 한다. 교육비에서 가능한 한 모든 예산을 절약해서 학교에 실험실·공작실·미술실·수영장 등을 먼저 마련해야 한다. 예컨대, 나는 학교 급식보다는 이런 시설을 확충하는 것이 더 긴요하다고 생각한다.

근래 정부가 시행을 강조하고 있는 '자유학기제'에는 찬동이 가는 점도 있다. 하지만 어찌 보면 그것은 학교의 과외활동이 거의 불모지 상태인 것에 대한 궁여지책이라고도 볼 수 있다. 그보다는 좀 더 긴 안목으로 학교에 풍부하고 다양한 과외활동의 기회와 시설과 자원인사를 마련하고, 학생들이 방과 후 5, 6시에 하교할 때까지 또는 저녁에도 학교에서 제각기 좋아하는 스포츠와 탐구활동에 열중할 수 있게 하는 것이 학교 본연의 모습이다.

전인교육엔 몇 가지 절실한 이유가 있다.

첫째, 인간 자체가 다면적인 존재다. 제반 생리적·정신적·사회적·자아실현적 필요가 고루 만족되어야 하는 전인적인 존재다. 고루 만족되지 않으면 기필코 어떤 탈이 나게 마련이다. 그런 전반적 필요충족의 과정에서 지·정·덕·체의 건전한 발달도 기대할 수 있다. 또 전인은 사람들이 서로 바라고 기대하는 인간평가의 기준이다. 공부는 잘하지만 몸은 약하고 버릇도 없는 아이를 바라는 부모는 없고 그럴 친구도 없다. 또한 스스로도 공부만 잘하는 것이 아니라 노래도 제법 부를 수 있고 스포츠 한두 가지는 남들 축에 끼일 수 있기를 바란다. 나는 우리나라의 '멋'이라는 말에도 그런 전인상이 함축되어 있다고 본다. 가령 물리학에 통달한 학자를 '훌륭한' 학자라고는 여겨도, 우리는 그것만으로 그를 '멋'있는 사람이라고 하지는 않는다. 그가 피아노에도 스키에도 서도書道에도 능란하면 우리는 그를 '멋있는' 사람이라고 생각한다.

둘째, 사회도 다면적인 존재다. 사회도 정치·경제·문화영역의 다양한 수요가 고루 충족되어야 할 집합체다. 사회에서도 어떤 수요가 심하게 만족되지 않으면 파탄을 겪게 된다. 이상적인 사회는 여러 영역의 전반적인 발달이 어우러진 사회다. 한 나라의 교육은 그런 다양한 사회적 필요를 충당할 수 있는 다양한 적성의 인물을 길러 내야 한다. 전인교육은 이런 다양한 인간적·사회적 수요를 충당하기에 필수다.

셋째, 창의력 함양의 견지에서는 우선 전인교육이 길러 내는 넓은 교양은, 제1부에서도 강조했듯이, 창의력 배양의 비옥한 풍토를 조성한다. 창의력이 새로운 다른 생각을 하는 능력이라면, 그런 능력은 전문분야에만 관심이 있는 협소한 시야에서는 길러지기가 어렵다. 색다른 다양한 경험 속에서 창의적 아이디어의 힌트를 얻는 경우가 비일비재하다.

또한 전인교육이 제공하는 다양한 경험, 특히 다양한 과외활동의 기회는 창의력의 출발점인 '호기심'을 자극하고, 정과에서 주어지는 기회를 넘어 그것을 추구하기 위한 더 깊은 탐구의 기회를 제공한다. 그러는 과정에서 학생은 적성도 발견하고 진로도 정하면서 기초적인 소양도 길러 간다. 거의 대부분의 창의적 인물은 학교의 정규교과 시간보다는 학교 안 또는 학교 밖의 과외활동에서 연찬의 기회를 찾고 성장해 간다. 그래서 앞에서도 언급했듯이 '학교의 정규교과 수업은 창의력 출현과는 관계가 없고, 그 출현을 방해하지 않는 것이 학교가 할 수 있는 최선이다'라는 말도 나온다. 학교의 과외활동은 '과외'가 아니라 도리어 정규교과이고, '정규교과'가 과외가 되어야 하는 것인지도 모른다.

넷째, **공의식 함양의 견지에서는, 제2부에서도 강조했듯이, 전인교육이 함양하는 넓은 교양은 공의식의 기초를 형성한다.** 그리고 정규교과인 여러 사회과과목과 도덕과목의 수업이 물론 필요하기는 하지만, 실천적인 공의식의 습득은 그보다는 학교 안에서의 소집단 활동과 전체집단의 활동 속에서 이루어진다.

따라서 정규교과 시간에서의 소집단의 분단학습으로 공동연구 · 조사 · 협의 등의 활동도 장려되어야 하지만, 방과 후의 스포츠 활동, 과외학습 활동은 공의식의 형성에 결정적으로 중요하다. 이런 과외활동들은 거의 다 소집단 · 대집단의 인간관계 속에서 진행되기 때문이다. 그런 집단활동 속에서 학생들은 서로 이해하고 협조하고 타협도 하고, 서로 가르치고 배우기도 한다. 그런 경험을 기초로 학생들의 '정신적 윤곽'은 돌이 떨어진 연못의 파문처럼 점점 넓어져 간다. 생각이 여기에 이르면, 앞에서 인용한 것처럼 하버드 대학교 입학전형에서 스포츠 실적과 과외활동 실적을 학업 실적과 동등한 무게로 참작한 이유도 알 만해진다.

전인교육은 창의력을 함양하기 위해서도 공의식을 진작하기 위해서도 한국교육이 필히 자체 개조해야 할 이념적 그리고 실천적인 방향이라야 한다.

21. 수동에서 능동으로

　대학입시 등 온갖 시험 · 고시가 전인평가로 전환되고 교육과정
이 전인교육에 충실해지면, 그 교육방법 · 교수방법도 대부분의 시
간을 강의 듣고 책 읽고 하는 데에 보내는 이른바 주입식 강의방법
에서 크게 벗어나야 한다. 이것도 쉬운 전환이 아니지만, 학교가 조
금이라도 창의력과 공의식 함양에 기여하려면 기필코 이루어 내야
할 전환이다.

　교육방법의 역사에서 주입식 강의방법이 비교육적이라는 비판의
도마 위에 오른 지도 이미 오래다. 그 개선책으로 제안된 교수방법
도 무수히 많다. 개선의 요지를 나타내는 용어 몇 개만 열거해도 학
생중심교육, 활동학습, 토의방법, 문제방법, 프로젝트방법, 몬테소리
방법, 발견학습, 자기주도학습 등 다양하다.

나는 이런 여러 교수방법 개선 제안들의 공통점을 학생의 학습활동이 '수동受動에서 능동能動으로' 전환되어야 한다는 점이라고 파악한다. 즉, 학생이 가만히 앉아서 수동적으로 듣고 보고 읽고 할 뿐만 아니라, 배워야 할 일을 자신의 삶의 일처럼 필요하고 재미있고 절실한 문제로 느끼면서 온 마음과 몸을 동원해 그 일의 해결에 전심·열중하는 능동적인 학습이어야 한다는 점이다. 물론 강의식 방법이 언제나 비난해야 하는 방법은 아니다. 강의식 방법이 필요한 학습시간도 있다. 하지만 학습효과의 활성화를 위한 그리고 창의적 사고력과 공의식의 함양을 위한 교수방법은 수동적 학습을 넘어 그런 능동적인 학습을 적극 자극할 수 있어야 한다. 그런 능동적인 학습에는 네 가지 요건이 있다.

첫째, 능동적인 학습엔 학생에게 재미있고 필요하고 절실하다는 '호기심'을 자극하는 문제 내지 과제가 있어야 한다. 교사는 학습과제와 관련되어 학생들이 그렇게 절실히 알아내려 하는 문제 또는 이루어 내려 하는 과제project를 고안하고 그 흥미와 필요로써 호기심을 자극하는 것이 성공적인 교수방법의 첫 관건이다.

우리는 수업을 흥미있고 재미있게 가르쳐야 한다는 말을 자주 듣는다. 하지만 그것은 학습주제와 관계없는 만담을 늘어놓으면서 개그맨처럼 학생들의 웃음을 짜내는 것을 뜻하지는 않는다. 학습주제 자체에 관한 지적 호기심을 자극하는 것이 진정 재미있는 수업이다. 앞에서도 언급했지만, 아이들은 주변 삼라만상에 대한 무궁한 호기심을 간직한 존재다. 여러 가지 방법으로 적절히 자극하면 풍부하게 잠재해 있는 호기심을 활력 있게 일깨울 수 있다. 그렇게 한다면 그 것만으로 교수는 반 이상 성공이다. 그리고 호기심의 발단인 학습효과는 더 한 층의 넓고 깊은 호기심으로 이어질 수 있다.

이것도 앞에서 누누이 강조했지만, 창의력 발현의 첫 단계 역시 풍부한 호기심인 것을 여기에서 다시 상기할 만하다. 흔한 학교교육에서처럼 호기심의 발동이 없는 지루한 학습과제의 피곤한 연속 속에서는 창의력의 싹이 틀 겨를이 없다. 앞에서 '학교교육은 창의력의 함양에 아무런 공헌을 할 수 없다'고 한 비관적인 관찰은 바로 그 때문이다. 학교생활이 갖가지 호기심의 원천일 수 있다면 학교는 창의력 배양의 장일 수도 있다.

둘째, 능동적인 학습엔 교사와 학생, 학생과 학생 사이에 풍부한 '대화'를 통한 상호작용이 있어야 한다. 그런 대화와 상호작용의 시간은 정규교과의 수업시간에도 있을 수 있고, 과외활동 시간에도 있을 수 있다. 서로 질의하고 응답하고 반문하는 대화의 시간이 많아야 한다. 교사만 일방적으로 강의하고 질의시간은 없거나 짧고, 학습주제에 관한 학생 상호 간의 의견교환이나 토론의 시간도 없는 상황은 능동적 학습의 시간이 아니다.

여기에서, 앞에서도 언급한, 소크라테스의 '대화식 교육방법' 그리고 그것을 더 철학적으로 형식화한 헤겔의 '변증법'을 다시 상기할 만하다. 소크라테스는 거리에서 젊은이들을 모아 놓고 어떤 질문을 던진다. 어떤 젊은이가 그 질문에 답한다. 소크라테스는 '그게 아니라 이렇지 않느냐?'라고 반문한다. 젊은이도 다시 반문한다. 그런 대화의 진행 속에서 젊은이들은 깨달음을 얻게 된다는 것이 그의 대화식 교육이다. 이와 비슷하게 헤겔은 어떤 문제에 관한 한 주장(正)과 그 반대 주장(反)의 상호작용 속에서 보다 더 타당하고 발전된 종합(合)이 이루어지는 변증론적 작용이 역사의 진행방식이라고도 했고, 사회문제 해결의 요체이기도 하며, 개인 자신의 머리에서 진행하는 사고작용이기도 하다고 보았다. 그것은 또한 가장 효과적인 교육방법이기도 하다.

이렇게 변증론을 여기에서 재론하는 이유는, 교사와 학생, 학생과 학생 사이의 활발한 변증론적 대화는 창의력 함양에도 공의식 배양에도 절실히 긴요하기 때문이다. '정'과 '반'의 종합이 곧바로 새로운 창의적 발상으로 이어질 수도 있고, '정'과 '반'을 '합'으로 종합하는 과정은 정론자와 반론자의 인간적 교호작용으로서 공의식 형성에도 기여한다. 흔히 '싸우지 말고 대화로써 문제를 풀자'고 하는 말은 '정'과 '반'으로 대립하고 있는 마음과 입장을 서로 깊이 있게 이해하자는 말이기 때문이다.

셋째, 능동적인 학습은 '유레카!Eureka!**', 즉 '알았다!'라는 기쁨으로 이어지고 또 이어져야 한다.** 학습과제가 호기심의 발동으로 시작했으면, 그 결말인 호기심의 만족이 '유레카'로 이어지는 것은 당연하다. 그리고 그런 '유레카' 경험은 다음 학습에 대한 더 한층 높은 의욕으로 이어진다. 창의자는 알아낸 새 이치의 어떤 실리적 이득보다는 알아냈을 때의 '유레카'의 짜릿한 기쁨을 더 귀중한 정서적 소득으로 여긴다. 또한 사회생활에서 '정'과 '반'이 서로 격론을 벌이고 부대껴도 마침내 서로 이해하고 '합'에 이를 때의 기쁨도 '유레카'의 기쁨과 같다.

학습의 진행과정에는 문제의 제기에서부터 관계 자료를 수집하고 해결할 방법과 가설을 구상하며 마침내 그 해결의 '유레카'에 이르는 여러 단계가 있다. 교사는 그 여러 단계에서 도움과 힌트를 줄 수 있다. 하지만 마지막 해결책 발견의 단계에서는 교사가 해결책을 제시하지 않고, 될 수 있는 대로 학생 자신이 해결의 실마리를 발견할 수 있게 유도함으로써 학생의 '유레카'의 기쁨을 더 드높여 주도록 배려하는 교육적 지혜도 있음직하다. 그렇게 '유도된 발견'의 순간은 창조적 인물들의 '독자적인 발견'의 순간과 같지는 않지만, 그래도 비슷한 '유레카'의 기쁨을 경험하게 한다.

학교생활이 호기심에 충만하고 그 호기심을 해결하는 '유레카'로 넘칠 때, 학교는 훨씬 더 재미있고 즐거운 곳이 될 뿐만 아니라, 창의력과 공의식이 함양되는 원천적인 역할도 다할 수 있다.

22. 교육력의 강화

교육은 한다면 해야 한다. 교육이 의도하는 바를 가능한 한 완벽하게 이루어 내는 '교육력'이 있어야 한다. 하는 둥 마는 둥 그저 진급이나 졸업만 시킨다고 교육은 아니다. 그것은 허울 좋은 돈과 시간과 인력의 낭비다.

완벽한 교육력이란 가르치는 모든 학생이 배울 것을 어정쩡하게 설핏 배우는 것이 아니라 다 철저하고 완벽하게 배우게 하는 힘이다. 가령, 수학에서 2차 방정식의 해법을 학생들에게 가르쳤는데, 어떤 학생은 잘 이해했고 어떤 학생은 잘못 이해하거나 설핏 이해하면 그것은 그만큼 약하고 불완전한 교육력이다.

우리는 언필칭 교육은 국가의 대사고, 한국 사람은 교육열이 높다고 하지만, 실은 대부분의 사람이 교육의 힘을 그리 믿지 않는다. 그럭저럭 적당히 가르치고 배우고 졸업장을 따고 대학에만 들어갈 수 있으면 되는 정도로 생각하고 있다. 교육에 열등생을 우등생으로 기르고 문제아를 모범생으로 기르는 투철한 힘이 있다고 믿지 않는다. 그런 생각의 가장 단적인 증거가 모든 학습의 성적은, 예컨대 A 15%, B 30%, C 30%, D 15% 식으로 산 모양의 '정상분포'로 나오는 것이 정상이라고 여기는 믿음이다.

가령, 어떤 자동차 공장에서 A수준 완제품은 15%뿐이고, 나머지는 많고 적은 하자가 있는 불완전품이라면 그 회사는 정상이 아닌 문을 닫아야 할 회사다. 그러나 사람들은 교육에서는 불완전한 학습자가 생기는 것을 '정상'으로 여긴다. 교육의 힘은 본래 그렇게 불완전한 것이라야 하는 것인가? 사람들은 흔히 학생들의 불완전한 학습의 원인을 학생의 유전이나 환경 탓으로 여긴다. 그러나 교육에는 언제나 그렇게 학습자의 유전이나 환경에 굴복해야 하는 힘밖에 있을 수 없는 것인가? 나는 그렇지 않다고 믿는다. 현대의 교수이론, 학습이론, 카운슬링이론, 정신요법이론 등에는 교육의 힘이 100% 완벽하기는 어렵다 하더라도 70~80% 때로는 80~90%는 A급 수준의 '완전학습'에 이르게 할 수 있다는 이론적·실증적 근거가 있다. 그런 이론에 따르면 교육이 열등생을 우등생으로 기를 수도 있고, 문제아도 모범생으로, 의지박약자도 강건한 자로 기를 수 있는 방법이 있다. 그리고 그런 이론은 창의력과 공의식의 함양에도 시사하는 바가 있다는 것이 나의 소신이다. 여기에서 그런 근거를 세론할 수는 없고, 다만 몇몇 원리만을 정리해 본다.

우선 **교육에서 교사의 책임의 반은 '가르치는 일'이고 반은 잘못**

배운 것을 '고쳐 주는 일'이라야 한다. 즉, 교수가 반이고 교정이 반이다. 모든 학습에서 누구나 몇 번은 오해 · 오류 · 실수 · 실패 · 과오를 저지르게 마련이다. 아무리 수학에 수재라도 모든 수학시험에서 계속 오답 하나 없는 100점을 받는 경우는 없고, 아무리 음악의 천재라도 배움의 과정에서 처음부터 계속 아무 실수도 졸렬도 없는 명연주를 해 내는 사람은 없다. 매한가지로 아무리 착한 아이도 언제나 부모의 말을 고분고분 따르는 아이는 없고 몇 번은 자기욕심을 부릴 때가 있다.

문제는 누군가가 그 오해 · 오류 · 실수 · 잘못 등 학습의 결함을 지적해 주고 고쳐 주어야 한다는 점이다. 아니면 그런 결함이 원인이 되어 다음 학습에서 점점 더 큰 결함을 범하게 되는 이른바 '결함의 누적' 때문에 학습은 점점 오리무중이 되고 결국은 각종 낙오자나 문제학생으로 전락하게 된다. 수학에서 어쩌다 먼저 것을 모르게 되면, 나중 것은 점점 더 모르게 되는 이치다. 따라서 교육은 교수와 교정, 또 다음의 교수와 교정의 연속이라야 한다. 교정 없는 교육은 일방적인 강연이나 쇼에 불과하다. 그것은 교육하는 것이 아니라 '교육해 버리는' 행위다.

따라서 학습과정에서의 오류 · 실수 · 실패는 지탄이나 낙담의 대상이 아니라, 도리어 한 단계 높은 학습의 자산으로 삼아야 한다. 아들이 학교에서 90점을 받은 답안지를 아버지에게 보이면서 100점을 못 받았다고 죄송해 하자, 생각이 있는 그 아버지는 도리어 '몇 개 틀린 게 더 좋아. 그래야 몰랐던 것을 더 많이 알게 되는 경우가 생긴다'고 했다. 유능한 스승은 유능한 제자에게 일부러 힘에 부치는 어려운 과제를 주어 오류·실수를 범하게 유도하고 그것을 스스로 교정하게 도와줌으로써 더 높은 단계의 학습으로 유도한다.

창의적 문제해결 과정에는 실수·실패가 더 잦기 마련이다. 특히 공의식을 포함하는 정서적·도덕적 행동특성에 관한 교육에서는, 가르침도 고침도 심리학의 행동수정이론이 강조하는 '벌보다는 상이 행동학습에 더 효과적'이라는 원리를 되새길 만하다. 즉, 나쁜 행동에 꾸중이나 매 등 벌을 주기보다는 타일러서건 스스로건 어쩌다 바람직한 행동을 했을 경우엔 지체 없이 칭찬해 주거나 어떤 상을 주는 것이 행동의 교정에 효과적이라는 원칙이다. 벌은 나쁜 행동을 잠시 억누르는 효과는 있지만, 나쁜 행동의 근본 특성 자체는 교정하지 못하고 재발의 경향성은 그대로 잠재한다.

이런 점에 비추어 학교교육의 최대 난점은 그것이 대부분 한 교사가 많은 학생을 가르쳐야 하는 집단교육체제이기 때문에, 학생 개개인의 학습 결함을 일일이 쉬 발견하고 교정해 주기가 어렵다는 점이다. 그 대응책은 가능한 한 교수·학습활동을 '개별화'하고 '소집단화'하는 데 있다. 한 교사가 한 학생을 가르치는 가정교사와 같은 일대 일의 교육상황에서는 '교수와 교정'이 연속적으로 쉽게 진행된다. 가르치는 것을 잘 모르겠다고 고개를 갸우뚱하는 학생을 눈앞에 보면서 그것을 무시하고 그대로 다음 학습으로 강행해 가는 가정교사는 없다. 반드시 그 결함을 먼저 고쳐 주고 나서 다음으로 진행하게 마련이다.

그러나 집단체제인 학교교육에서는 필연 생기게 되어 있는 학생 개개인의 학습결함을 일일이 확인·교정해 주지 않고 막무가내로 학습진도를 밀고 나가는 것이 보통이다. 그 때문에 학교교육에서는 학습결함이 누적되어 성적의 개인차는 점점 더 벌어진다. 학생의 정서적·도덕적 문제나 고민도 집단체제 속에서는 발견하기도, 도와주기도 어렵다. 그 대응책은 우선 가능한 한 개인상담이나 '멘토링'의 시간을 늘리는 개별화다.

개별화는 교사와 학생의 개인적인 대면으로 이루어지는 것이 이상적이다. 그런 개인적인 대면이 교수와 교정의 밀도를 높여 준다. 하지만 또 한편 컴퓨터·인터넷 등 정보기기를 활용해서 많은 학생의 개별적 학습결함을 진단하고 교정하는 프로그램을 개발·활용할 수 있는 방도도 있다.

개별화는 가장 효능적인 교수와 교정을 가능하게 할 뿐만 아니라, 학생에게 자기가 '인간 대우'를 받고 있다는 정서적 만족감을 준다. 인간은 자기가 그저 집단의 일부로만 여겨지고 있다고 느끼면 인간적 충실감을 느끼지 못하는 소외감에 빠지고 그것이 각종 비행의 원인이 될 수도 있다. 학교에서 개별화의 기회가 많으면 '왕따'나 집단폭력 사건도 줄어들 것이다.

소집단화는, 앞에서도 언급했지만, 학생들에게 공의식을 포함하는 바람직한 인간관계와 도덕학습을 할 수 있는 실천적 기회를 준다. 스포츠나 과외활동에서만 아니라, 수업시간에서도 소집단의 분단학습 활동은 상호교육·상호교정의 기회만 아니라 상호 간의 이해·협의·협동·절충 등의 덕목을 실천할 수 있는 기회를 준다. 다만 문제는 그런 기회가 가능한 뜻있는 집단학습 과제들을 선정하는 교육적 지혜가 필요하다는 데 있다.

공의식을 포함하는 도덕적 · 정서적 특성의 함양에서 각별히 유의해야 할 학습이론으로 이른바 '사회학습이론'이 있다. 사람들 특히 아이들은 주변 사람들의 행동을 '모방'함으로써 그 행동을 학습해 간다는 것이 그 이론의 요지다. 아이들은 거의 무의식적으로 부모의 행동을 닮으려 하고, 학생들은 교사의 행동을 닮게 되고, 청소년들은 사회적 가시성이 높은 정치인, 연예인, 저명인사들의 행동을 닮아 가며, 사회 전반에서는 서로 남을 닮는 각종 유행이 번져 간다. 이 모두가 사회학습이다. 특히 내가 좋아하고 존경하고 부러워하는 '뜻있는 인물'이 모방의 대상이 된다. 그런 뜻있는 인물의 도덕적 행위만 아니라 비도덕 행위도 모방하게 된다. 공의식 여하도 그런 모방학습에 의해서 거의 무의식적으로 형성되어 간다.

모방학습의 기제는 한편으로는 아주 경제적인 학습방법이다. 뜻있는 인물을 모방하면 내가 직접 경험하여 위험이나 실패를 겪으면서 학습하지 않아도 되기 때문이다. 뱀에 직접 물려 보고 뱀 무서운 줄 알기보다는 남이 뱀을 보면 기겁하는 것을 보고 뱀의 무서움을 배우는 것이 훨씬 안전하고 경제적이다. 또 한편 다른 사람들을 모방하는 것은 집단에의 소속감을 유지해 주기 때문에도 필요하다. 집단의 풍습에 지나치게 어긋나는 행동은 집단으로부터 따돌림을 받기 쉽다.

하지만 두 가지 문제는 있다. 하나는 사회학습의 모방기제는 거의 무의식적으로 이루어지기 때문에 모방하는 행동의 선악 · 우열 · 적부를 가리지 못한다는 점이다. 또 하나는 지나친 모방은 개성의 상실과 창의적 사고의 둔화로 이어질 수 있다는 점이다. 따라서 공의식을 포함하는 도덕적·정서적 학습에는 부모와 교사 그리고 저명인사와 지도층의 바람직한 행동형태가 그만큼 더 절실하게 요망된다.

이런 여러 가지 교육개조의 이론을 넘어 그 개조는 궁극적으로 교사 자신의 식견과 열의와 창의에 달린 문제다. 그런 자질을 갖춘 교사를 나는 교직을 '천직'으로 자처하는 **'장인적 교사'**라고 불러 본다. 모든 직업에서 그것을 천직으로 믿는 '장인匠人'에게는 몇 가지 특징이 있다.

첫째, 그는 자기 직업에 대해 남달리 강인한 **'애착과 사명감'**을 가지고 있다. 도자기공을 예로 들면, 그는 자신의 도업을 천직으로 믿고, 그것이 자신의 삶의 목적이며 사회에 공헌하는 길이라고 믿는다. 따라서 그는 달리 출세·치부로 유혹하는 일이 있어도 자기의 도업을 쉬 버리지 못한다.

둘째, 그는 자기 직업에 관한 남달리 넓고 깊은 **'식견과 통찰력'**을 가지고 있다. 업무 구석구석을 다 알고 있고 살필 줄 안다. 도업에 필요하고 적절한 흙·가마·유약 등에 관한 지식에 통달하고 있고, 때로는 명품을 만들 수 있는 독자적인 비결도 가지고 있다. 그것은 긴 세월의 연수와 경험에서 길러지기도 하지만, 최근의 지식을 계속 추구함으로써 더 성장해 간다.

셋째, 그는 자기 업무의 성취에 남달리 **'높은 표준'**을 적용한다. 구워져 나오는 도자기 중 멀쩡한 것도 자신의 표준에 맞지 않으면 사정없이 깨부순다. 그리고 구워 내는 도자기의 거의 전부가 명품이

될 수 있는 길을 꾸준히 찾아 간다.

넷째, 그는 자기의 업무에 남달리 엄준한 '**직업윤리**'를 적용한다. 삶의 다른 일에서는 게으르고 약속도 잊고 '적당히' 얼버무려 버리고 좀 비윤리적인 행동을 하는 경우가 더러 있어도, 자기의 업무에 관한 한 한 점의 속임수도 '적당히'도 얼버무림도 게으름도 스스로 용서하지 않는다.

이 같은 자신의 생업을 천직으로 여기는 장인적 교사의 면모는 여기에서 굳이 자세한 예를 들어 거론할 필요는 없을 것이고, 미루어 능히 짐작할 수 있을 것이다. 교육력을 강화할 수 있는 궁극의 힘은 그런 장인적 교사의 식견과 열의와 창의에서 솟아 나온다. 그런 창의적인 교사 후보들을 어떤 제도로 어떻게 선발하고 교육하고 교사로 충원하느냐는 여기서의 논의를 넘는 교육개조를 위한 또 하나의 큰 문제다.

끝맺으며

　오늘도 밖에 나가 산책길을 거닐면 강물은 유유히 굽이쳐 흘러가고 산야는 짙은 초록으로 펼쳐 있으며 하늘은 맑고 푸르다. 이 아름다운 자연에 악센트를 주려는 듯이 창공엔 한두 점 흰 구름이 둥실 평화롭게 떠 있다. 내가 태어나고 뛰놀고 살아온 한반도는 태고부터 이렇게 수려한 금수강산이었다.

　하지만 그 역사는 사가들이 기록한 대로 자연의 아름다움처럼 안식의 마음을 주는 순조로운 역사는 아니었다. 도리어 한 사가의 말대로 '수난의 민족'에 가까운 역사였다. 중국 한나라의 침공에 쓰러진 고조선, 당나라의 집요한 공략으로 무너진 고구려, 고려와 조선을 괴롭힌 몽고 · 일본 · 청나라의 침략, 그리고 조선의 망국이 그것을 말한다. 긴 역사를 소급하지 않아도, 내 세대에서도 질곡의 일제강점기, 해방과 국토 분단과 처참한 한국전쟁 그리고 긴 세월의 모진 가난과 독재의 세월은 순풍 아닌 격동의 세월을 증언한다.

그런 중에서도 지난 반세기 남쪽 한국에서만이라도 남들이 기적이라고 칭송하는 비약적인 경제발전과 민주적 정치발전을 성취한 것은 우리에게 국가적 자긍심을 높여 주었고, 그런 역사에 참여한 나 개인에게도 일말의 자부심을 느끼게 한다. 다른 나라의 예로 보아 그것은 정말 어렵사리 이루어 낸 빛나는 기적적인 성취였다.

그러나 앞으로 한반도의 전망은 여전히 순풍만을 기대할 수 없는, 다시 격동의 시대를 예고하고 있다는 감이 짙다. 한반도의 이른바 지정학적 위상은 긴 역사에 이어 지금도 험난하다. 한반도를 에워싸고 있는 국제정세는 매년 격변을 거듭하고 있고, 한반도는 양단되어 지금도 긴장된 '휴전상태'에 있으며, 통일도 난제고, 통일이 온다 해도 그 후의 난제도 수없이 예견된다. 지구의 생태계마저 점점 심하게 파손되어 가면서 내일의 전망을 어렵게 하고 있다. 그런 속에서도 우리는 계속적인 경제발전과 정치발전으로 이른바 선진국에 진입하려는 힘겨운 꿈을 버리지 못한다.

이런 전망에서 나는 가끔 '몹시 어려웠지만 내가 살아 온 한 세대가 도리어 편하고 행복했던 세대가 아닐까' 하는 생각마저 들 때가 있고, 내 아들·딸, 손자·손녀 그리고 우리의 자손들이 다가올 격랑을 능히 이겨 낼 수 있는 기백과 역량을 가질 수 있기를 기원하는 마음이 간절해진다.

역사는 여러 요인이 상호작용하면서 진행되어 간다. 역사의 유산, 국제정세, 국내의 사회적 현실 등이 다 같이 작용하면서, 때로는 순

창의력과 공의식

풍도 불고 때로는 역풍도 일으킨다. 이런 상황에서 나에겐 대학시절에 들었던 철학자 김기석 교수의 간명한 명언이 지금도 깊은 인상과 감명으로 남아 있다.

"역사의 곡선은 인간의 곡선이다!"

한 나라의 흥망성쇠의 기복은 당시 사람들의 '사람됨' 여하가 그려내는 곡선이라는 뜻이고, 인간 자신이 역사의 방향타를 쥐고 있다는 말이다. 그 분의 이 명구가 내가 교육학을 진로로 택한 한 계기가 되기도 했지만, 지금도 나의 사고를 지배하고 있다. 거의 혁명에 가까운 이 나라의 교육의 개조와 지도층의 각성을 촉구하는 이 책의 논의도 그런 사고의 연장선에 있다.

이 책에서 나는 내일의 역사적 격랑을 이겨 내고 나아가 선진국으로 진입할 수 있는 필수역량은 이 나라 사람들의 풍부한 창의력과 투철한 공의식에 있다고 언명했다. 그리고 그런 역량을 배양하는 데는 특히 이 나라 각계각층 지도자들의 건곤일척의 각성과 이 나라 교육의 획기적인 개조가 절실히 요망됨을 강조했다.

나는 내일의 한국이 그런 풍부한 창의력과 투철한 공의식으로 금수강산의 아름다운 자연과 똑같이 아름다운 사회를 이루면서 우리 자손들이 넉넉한 풍요와 자유를 만끽할 수 있기를 기원하면서 이 글의 붓을 놓는다.

저자 소개

정범모

약력
서울대학교 사범대학 졸업

미국 시카고대학교 철학박사

서울대학교 사범대학 교수 및 학장

한국교육학회장, 충북대학교 총장, 한림대학교 총장

대한민국학술원 회원, 한국행동과학연구소 회장 역임

현재 한림대학교 명예 석좌교수

저서
교육과정 | 교육평가 | 교육심리통계적 방법

가치관과 교육 | 교육과 교육학 | 미래의 선택

인간의 자아실현 | 한국의 교육세력 | 창의력

한국의 내일을 묻는다 | 학문의 조건 | 그래, 이름은 뭔고

한국의 세 번째 기적 | 교육난국의 해부(편저)

교육의 향방(Development and Education)

내일의 한국인 | 한국교육의 신화 | 격동기에 겪은 사상들

그저 좋아서 등

창의력과 공의식
— 선진국의 요건

Creativity and Civic consciousness
—Preconditions of An Advanced Country

2016년 2월 15일 1판 1쇄 인쇄
2016년 2월 25일 1판 1쇄 발행

지은이 • 정범모
펴낸이 • 김진환
펴낸곳 • (주) **학지사**
　　　04031 서울특별시 마포구 양화로 15길 20 마인드월드 빌딩
대표전화 • 02)330-5114　　　팩스 • 02)324-2345
등록번호 • 제313-2006-000265호

홈페이지 • http://www.hakjisa.co.kr
페이스북 • http://www.facebook.com/hakjisa

ISBN　978-89-997-0885-5　03370

정가 13,000원

인터넷 학술논문 원문 서비스 **뉴논문** www.newnonmun.com

이 도서의 국립중앙도서관 출판시도서목록(CIP)은 서지정보유통지
원시스템 홈페이지(http://seoji.nl.go.kr)와 국가자료공동목록시스템
(http://www.nl.go.kr/kolisnet)에서 이용하실 수 있습니다.
(CIP제어번호: 2016000704)